# 49天成为
# 教育高手

张莉◎著

台海出版社

**图书在版编目（ＣＩＰ）数据**

49 天成为教育高手 / 张莉著 . -- 北京：台海出版
社，2024.5（2025.5 重印）

ISBN 978-7-5168-3853-2

Ⅰ . ① 4… Ⅱ . ①张… Ⅲ . ①家庭教育 Ⅳ . ① G78

中国国家版本馆 CIP 数据核字（2024）第 094687 号

## 49 天成为教育高手

| | |
|---|---|
| 著　者： | 张　莉 |
| 责任编辑： | 魏　敏 |
| 出版发行： | 台海出版社 |
| 地　　址： | 北京市东城区景山东街 20 号　　　　邮政编码：100009 |
| 电　　话： | 010-64041652（发行，邮购） |
| 传　　真： | 010-84045799（总编室） |
| 网　　址： | www.taimeng.org.cn/thcbs/default.htm |
| E - mail： | thcbs@126.com |
| 经　　销： | 全国各地新华书店 |
| 印　　刷： | 三河市越阳印务有限公司 |

本书如有破损、缺页、装订错误，请与本社联系调换

| | | | |
|---|---|---|---|
| 开　本：710 毫米 × 1000 毫米 | | 1/16 | |
| 字　数：190 千字 | | 印　张：13 | |
| 版　次：2024 年 5 月第 1 版 | | 印　次：2025 年 5 月第 3 次印刷 | |
| 书　号：ISBN 978-7-5168-3853-2 | | | |
| 定　价：59.80 元 | | | |

# 前言

Preface

没有谁天生就会当父母，大家都是在摸索中前行。

第一次当爸爸妈妈，我们小心翼翼，尽力做到细致周到。但有时，父母们会觉得自己还是个"孩子"，却要面对另一个真正的孩子，着实有点惊慌失措，忙乱不已。从陌生到熟悉，从慌张到从容，需要每一个父母努力学习如何与孩子相处，尤其是在面对问题的时候，我们更要学习如何面对和解决。

我们要学习如何教孩子正确面对校园霸凌；我们要学习正确辅导作业；我们要学习如何预防孩子沉迷网络；我们要学习沟通的技巧；我们还要学习以柔克刚的教育方法……我们更要学习如何接纳孩子，给予孩子无条件的爱。

养育孩子，是父母的一场自我修行。在这个过程中，父母需要不断刻意练习——练习成为一个高手——教育的高手。

本书精选了49个最常见的教育问题，每个问题都以对话咨询的方式切入，在真实的场景里详细分析这些问题背后的原因。"支招环节"提供的解决方法也十分接地气，具有实操性。

只要我们愿意做出改变和努力，49天，我们就能从一个普通父母晋级为教育高手！

# 目 录

CONTENTS

# 孩子被霸凌了怎么办

满天繁星

张老师，我家孩子在学校被打了怎么办？我真的很心疼。

您知道孩子在学校具体发生了什么事情吗？

张老师

满天繁星

刚开始孩子还不愿意跟我说，回家就低着头往房间走，还试图用领子把自己的脸遮起来，行动鬼鬼祟祟的。我觉得不对劲，就把孩子叫过来仔细看了看，这才发现孩子脸上和身上有好几处伤。我很严肃地问孩子是怎么回事，孩子说是有几个同学把他打了一顿。

那您有想过该怎么处理吗？

张老师

满天繁星

我想直接去学校找老师，但我又怕没有什么效果。我真的挺难过的，孩子遭受了这样的肢体暴力，我却不知道能为孩子做点什么。张老师，您帮我想想办法吧。

## 张老师看问题

　　孩子回家的时候带了一身伤，独自委屈哭泣，父母在一旁心急如焚，恨不得把伤害自己孩子的人揪出来揍一顿。孩子为什么会在学校遇到这样的事呢？基本上有以下两个原因。

### ▶ 1. 同学之间有矛盾

　　孩子之间打打闹闹是很正常的事情，他们在学校里被打很可能只是因为同学之间产生了矛盾，导致双方不小心动手，最后两个孩子都受伤了。这种孩子之间的打架很难分清楚谁对谁错，而且很可能只是因为普通的小矛盾和摩擦。

### ▶ 2. 孩子单方面被欺凌

　　有的孩子自身并没有犯什么错，但总被一些坏孩子打着"好玩"的旗号欺负。他们有可能对孩子实施各种暴力行为，比如抢和砸孩子的东西，带孩子去偏僻的地方，对孩子拳打脚踢，让孩子受伤。但孩子并没有还手，只是单方面地被殴打和欺凌，这种行为基本上可以定义为校园暴力。

 ## 张老师的落地方案

　　孩子被打，父母肯定想讨个公道，但是一定不能冲动行事。我总结了下面几个方法，父母们可以参考一下。

### ▶ 1. 了解清楚情况

父母得知孩子被打，千万不要立刻就怒气冲冲地去问责。我们一定要第一时间询问孩子发生了什么，同时还要找几个了解事情经过的同学询问情况，以防自己因不了解情况而产生误判。打架这件事情可大可小，有可能只是孩子之间的打闹或者失手，所以我们一定要弄清楚自己的孩子有没有做错。

另外，在了解情况的时候，我们要注意观察孩子的情绪，做到及时安抚，并告诉孩子我们一定会帮他解决这个问题。

### ▶ 2. 以家长的身份去警告对方

很多实施校园暴力的孩子是不希望自己的行为被别人知道的。我们可以找一个放学的时间，跟孩子一起去找那个动手的同学，帮孩子讨回公道。告诉对方，如果还欺负自己家的孩子，就会通知对方的家长。这样可以让孩子知道有父母会给他撑腰，同时也可以震慑施暴方。

### ▶ 3. 双方家长一起处理

有些时候孩子自己解决不了这个问题，就只能由双方家长亲自出面了。双方家长见面的时候，最好让老师在中间做调停，把整件事情梳理清楚，让错误的一方诚恳道歉，并做出合理的赔偿。

跟对方家长谈话的时候，不要直接训斥或者指责对方，一定要保持冷静。双方要一起找到最佳的处理方案，最重要的是确保自己的孩子不要再被欺负。

### ▶ 4. 教孩子反击

教孩子在被欺负的情况下，要把自己的安全放在第一位；如果实在没办法，一定要做出适当的反击。反击并不是说要跟对方打架，或者让对方受重伤，而是要用一定的手段震慑住对方。

首先，可以让孩子大声警告对方，用语言表示自己不是好欺负的，告诉对方自己不是任人拿捏的"软柿子"。然后，让孩子把动手的人推开，让对方停止攻击的行为，再找机会脱身。

## 家长反馈

满天繁星

张老师谢谢您！经过您的指点，我家孩子现在情况好多了，最近在学校没有被打。

不用谢，我很高兴，对方最近收敛了是吗？

张老师

满天繁星

是呀，欺负我家孩子的那个同学最近都没再纠缠他了。

请说说您是怎么做的吧。

张老师

满天繁星

之前我家孩子身上总是有些小伤，我以为是他自己不小心造成的。但是后来我发现孩子不对劲，问他，他才说是有人总打他。我去学校做了调查，问了一些同学，了解到确实有这样的事情发生。我就跟老师反映，把对方的家长叫过来处理这件事。对方也很通情达理地道歉了，并保证以后不会再有这样的事情发生，后来也确实如此。

这我就放心了。校园暴力绝对不能姑息，您处理得很好。

张老师

# 孩子遭受语言暴力怎么办

少年郎

张老师，您好！我女儿刚上小学一年级，前段时间孩子的学校组织体检，并要求学生统一穿着短裤进行。但不巧的是，我女儿的腿上有一块很大的胎记。同学们发现了她的"与众不同"，在体检结束后经常拿这件事情开她的玩笑，导致她现在总是闷闷不乐的。请问您有什么好办法可以让她开心起来吗？

家长您好，请问事后您是怎样安慰孩子的呢？

张老师

少年郎

我们就对她说："谁嘲笑你，你就要在他们面前表现得不好惹一点，这样大家才不会欺负你。"但是孩子却告诉我，她照做以后，反而和同学之间的关系变得更不好了。我们很担心这件事情会影响到她的学业。

**张老师看问题**

孩子的心就像玻璃一样易碎，但嘲讽却是利刃，往往冰冷且锋利。当孩子向父母哭诉被嘲笑的经历时，父母的心里也很不是滋味。不过，孩子为什么会被同学嘲笑呢？让我们来看一看下列相关分析。

#### ▶ 1. 生理和心理的缺陷

残疾、自闭症、过度肥胖……无论是生理缺陷还是心理健康问题，在孩子的眼中，都可能成为一种可以嘲笑的存在。

#### ▶ 2. 家庭的原因

有些孩子父母离异，或因家庭原因经常转校，或家境不好，他们也往往会因为相应的家庭问题而成为其他孩子嘲笑的对象。

#### ▶ 3. 孩子的"出糗"经历

不小心被绊倒、总是迟到、爱哭鼻子……这些看似不起眼的"出糗"经历，都有可能成为孩子们学习之余的八卦素材。

#### ▶ 4. 孩子成绩不佳

成绩欠佳的孩子，在和同学交往时往往都会失去几分自信，很容易成为大家调侃的对象。

张老师的落地方案

彻底解决孩子被嘲笑的问题，属实是一项需要持之以恒的"大工程"。我认为我们可以先从以下几个方面入手。

### ▶ 1. 让孩子学会正确反击

面对嘲笑，一味沉默并不可取。我们要教孩子学会正确反击："你可以大声告诉对方，我不喜欢你这样说。""你再这样说，我就告诉老师。""你这样说，我很生气。"也许这样仍然不能阻止对方，但也要让孩子勇敢一点，敢于表达自己的情绪和观点，让对方知道自己不喜欢。

### ▶ 2. 减少孩子对自己的过度关注

让孩子减少对自己的过度关注："也许我们会觉得一旦被嘲笑了，别人就会十分嫌弃自己，甚至还会对这件事情揪着不放，但其实大家对我们的关注程度可能远远没有我们想象中的高。因为在每个人心里最在意的还是自己留给别人的印象，对于别人的事基本都会一笑而过。"

### ▶ 3. 通过了解名人经历和挖掘自身优点来建立自信

当看到身体残疾但贡献杰出的名人时，在听闻童年悲惨但后来居上的名人后，孩子就会豁然开朗：原来喜忧参半才是人生常态，事事如愿就是天方夜谭，经历嘲笑仅是沧海一粟。

父母也可以帮助孩子挖掘一下自己的优点，并告诉孩子："面对无常世事，以品德为铠甲，用才华做法宝。记得要经常想一想自己的闪光点，这样就不会任自卑的情绪充满内心。"

# 家长反馈

少年郎

> 张老师，真的非常感谢您的指导！之前孩子告诉我们别人笑话她的时候，我们只会一味地对孩子说那些同学都"没教养"，还让孩子别搭理他们。没想到，孩子心里反而更悲愤了。但是在听从了您的建议后，孩子现在开朗了很多。

> 您不要客气，孩子现在还会掉眼泪吗？

张老师

少年郎

> 最近两周都没哭过了呢。孩子还说，胎记是"上帝的吻痕"，是她特有的印记，别人想要还没有呢！

> 真好，孩子一定会越来越自信的！

张老师

# 孩子沉迷游戏怎么办

许诺余生

张老师您好，我家孩子玩游戏上瘾，有什么办法吗？

您能具体说说您家孩子的情况吗？

张老师

许诺余生

我家孩子今年上六年级了，正是升学的关键时刻，但突然就沉迷到游戏里了。他空闲的时候玩，写作业的时候也偷偷玩，作业写上几个小时都写不了多少，一天到晚就盯着手机里的游戏，眼睛都近视了。他现在已经发展到不想学习，也不爱出门的程度了。

您有采取什么应对措施吗？

张老师

许诺余生

有啊，但就是没有用。我把他的手机藏起来，但是藏到哪里他都能找到。不论是好言相劝还是严厉指责，都无济于事。他现在还嫌我唠叨，我们母子俩的关系越来越差。我现在是真的不知道该怎么办了，张老师您给支支招吧。

## 张老师看问题

　　网络游戏花样百出，孩子很容易就会沉迷在游戏当中。他们在游戏当中乐不思蜀，但家长却愁云满面。该如何处理电子游戏和孩子之间的关系，是所有家长共同的烦恼。我认为要想解决好这个问题，就要对症下药。现在，我们一起来分析一下造成孩子沉迷游戏的原因。

### ▶ 1. 社交需要，不得不玩

　　孩子们在学校里与同学、朋友交流的时候，非常需要共同语言。当大多数人都在谈论同一款游戏的时候，如果只有自己没玩过，就没办法参与对话，也没办法交到新朋友。孩子为了不被疏远和孤立，只能自己偷偷找时间"恶补"。

### ▶ 2. 更容易获得成就感

　　现在的很多网络游戏都非常容易上手，而且具有各种回馈机制，设置了各种奖励和成就系统。孩子在玩游戏时，只要通过一个个小关卡，就能获得各种各样的奖励，而且达成了一定的条件还能获得不同的成就和称号。这些阶段性的收获能够给孩子带来极大的成就感，因此孩子自制力差一点就会沉迷其中。

### ▶ 3. 释放压力，逃避现实

　　现在的孩子在学业和生活上的压力都很大，同时，家长和老师对孩子的期望也很高，但孩子对压力的承受能力却没有我们想象中的强。有时候孩子为了找一个压力的宣泄口，会沉迷于轻松有趣的游戏，短暂地忘记学习和生活中的烦恼，把玩游戏当成一种逃避现实的方式。

**张老师的落地方案**

游戏其实不是什么"洪水猛兽"，在我看来，家长先要放平自己的心态，不要急于用强硬的手段禁止孩子玩游戏。我们可以先跟孩子做朋友，再把孩子的逆反心理调整过来，慢慢用下面的方法让孩子不再沉迷于游戏。

### 1. 停止唠叨，赞成孩子玩游戏

很多孩子都会有不同程度的逆反心理，你越不让他玩，他就越玩。所以，堵不如疏，我们要停止对孩子的抱怨和指责，不要跟孩子站在对立面，以减轻孩子的抵触情绪。

这里说的"赞成孩子玩游戏"并不是指容忍孩子无底线地沉迷于游戏，而是指要把握好孩子玩游戏的度。

我们甚至可以跟孩子站在"统一战线"，跟孩子一起玩游戏，先把孩子从沉迷的泥潭中解救出来，再逐渐减少孩子玩游戏的时间。

### 2. 把孩子的目光从游戏拉到现实生活中来

孩子在生活中找不到乐趣，自然就会沉迷到游戏中去。我们要做的就是给孩子找点事情做，转移孩子玩游戏的注意力，让孩子回归生活，感受生活里的"烟火气息"。

不要剥夺孩子对于家庭的参与感，给孩子一些小任务，比如去超市买瓶酱油，帮忙晾一下衣服，坐在一起择菜。在跟孩子一起处理家庭琐事的时候，我们可以跟孩子聊聊学习之外的事，拉近我们与孩子之间的距离，让孩子找到家庭的归属感，让他明白生活比游戏更重要。

### 3. 制定奖惩制度，把游戏时间变成奖励

孩子没有自控力，就由我们来帮助孩子培养。不要在所有的时间都禁止玩游

戏，而要跟孩子约定好每天可以玩游戏的时间。孩子如果想要获得额外的游戏时间，就要完成其他的"小任务"。

这些"小任务"不一定是学习任务，还可以是爱好任务、生活任务、运动任务。这样不仅可以拓展孩子的兴趣，还能提升孩子的自控能力、生活能力和运动能力。

 **家长反馈**

许诺余生

张老师，您的建议太有用了，我的孩子最近已经不怎么爱玩游戏了。

具体有哪些变化呢？

张老师

许诺余生

这孩子原来天天抱着手机玩游戏不撒手，听了您的话，我才知道是我的想法错了。我以前只是让孩子专注于学习，家里其他的事情都不让孩子沾手，孩子到家除了学习什么都不用干，大概就只能玩游戏了。后来我经常让孩子跑跑腿、给爷爷捏捏肩膀，然后再给孩子奖励游戏时间。孩子得到了大人们的夸奖后，性格上活泼多了。现在孩子不仅主动给家里帮忙，玩游戏的时间也得到了控制。

那可真是好现象，希望孩子的自制力能越来越强。

张老师

# 孩子做作业总磨蹭怎么办

秋水伊人

张老师您好，我家孩子现在上五年级，做作业总是磨蹭怎么办？

您好，您家孩子大概要花多少时间完成作业呢？

张老师

秋水伊人

他一个人写作业，从吃完饭开始写，能写到睡觉之前。我不知道他为什么能这么磨蹭。有时我进去看一眼，发现他拿着桌面上的摆件在研究，作业却没写几个字。

这样磨蹭很容易养成不好的习惯，您有尝试用什么方法纠正吗？

张老师

秋水伊人

我后来就专门坐在他旁边盯着他写作业，可他不是抓耳挠腮，就是总跑出去喝点水、吃点东西，碰到不会做的题就坐在那里发呆。我在旁边看着着急，就催着他赶紧做，但感觉越催越慢，他就是故意磨蹭。这样下去也不是办法，张老师，您有什么好招数吗？

**张老师看问题**

孩子写作业磨蹭是让家长们头痛的一个大问题。对于那些磨蹭的孩子，家长如果不盯着他们写作业，他们根本就写不完。家长们可能会疑惑：为什么孩子玩起来积极性那么高，一到写作业的时候就拖拖拉拉？其实，家长们也不必过于恼火。我先来给家长们分析一下原因。

### ▶ 1. 时间观念淡薄

孩子总磨蹭的一大原因，就是总认为自己的时间还有很多，所以写作业的时候就会慢吞吞的，一点也不着急。他们不知道一般在多长时间内把作业写完是合理的，也不懂得分配写作业的时间，有时候一道题就能写半个小时。

### ▶ 2. 作业太难，产生畏难情绪

当孩子的基础太差，或者某项作业太难的时候，孩子做作业时往往会产生畏难情绪。孩子看到难题的时候，脑子里想的都是"我不会""我不想做了"，自然难以投入到作业当中去。孩子既担心父母的责怪，又对自己做不好作业感到厌烦，久而久之，便会习惯性地逃避难题，变得拖拉。

### ▶ 3. 抵抗父母的催促

家长们肯定觉得，如果孩子在写作业的时候认真点，应该很快就能把作业写完。但实际上，写作业是复习当天学习的知识的过程，孩子有时也还是会感到费力。如果家长每隔一段时间就去催促孩子，孩子反而会产生抵触心理。面对家长的不断催促甚至怒吼，他们会觉得自己没被尊重，从而会选择一种消极的抵抗方式——磨蹭，来争取自主权。

**张老师的落地方案**

解决孩子写作业磨蹭的问题不难，首先要做到在孩子写作业慢的时候不要干巴巴地催促。接下来，请跟着我来看看下面这些解决方法。

#### ▶ 1. 把时间管理融入生活

让孩子明白做一件事需要花费多长时间，为此家长可以在日常生活中潜移默化地提醒。比如，吃饭前你可以说："还有 10 分钟就要吃饭了，你要把玩具都收拾好。"再比如，出去玩的时候你可以说："还有 20 分钟电影就要开始了，我们只能逛一会儿。"

在孩子写作业的时候给孩子放一个计时器，跟孩子商量好，由他决定写作业应该要用多长时间，定好闹钟就离开。孩子一开始可能不会准时完成，家长也不要着急，慢慢调整即可。给孩子适当的时间压力，更有利于解决孩子做事拖拉的问题。

#### ▶ 2. 作业分块写，多给予正面评价

教孩子把作业进行拆分，写作业的时候先易后难、先少后多，缓解孩子完成作业的心理压力。孩子完成一部分作业后，家长要及时给孩子以正面的评价，逐渐树立起孩子写作业的成就感和自信心，提升孩子写作业的兴趣。实在不会的难题，可以留到最后，跟父母一起解决。

#### ▶ 3. 营造良好的学习环境

家长要给孩子一个不容易分散注意力的写作业的环境，一个足够安静且比较独立的空间。家长在孩子写作业的时候也尽量不要看电视或弄出声响。家长不要总担心孩子有没有吃好、喝好，不要随便进去送点心和饮料，也不要时不时就进去催促。要给孩子充分的自主权，让孩子能够集中注意力。

## 家长反馈

秋水伊人

我家孩子做作业磨蹭的大难题终于解决了！张老师，您的方法真的很不错，谢谢您！

对孩子有用就好。现在孩子写作业的状态怎样？

张老师

秋水伊人

他现在作业写得很快，还能有空余时间做他想做的事情。原来他总是磨蹭，每天都弄到很晚才去睡觉，他自己也不开心。后来我就用张老师的方法，先给他树立时间观念，让他知道他每科作业要用多长时间。孩子写作业的时候我们也尽量不催促他，让孩子先做简单的作业，难题就留到后面我们跟孩子一起解决，这样孩子完成作业的效率就慢慢提高了。

我很高兴孩子能又快又好地完成作业，希望孩子能继续保持下去。

张老师

# 孩子不爱收拾房间怎么办

一碟蚕豆

张老师，我家孩子已经上四年级了，还是不爱收拾房间，东西乱扔。我该怎么办啊？

他有什么不爱收拾的具体表现吗？

张老师

一碟蚕豆

孩子就是喜欢乱扔，平时换下来的衣服、玩完的玩具、吃完的零食包装袋，就随便扔在自己的房间里。只要我不去收拾，他的房间就像鸡窝一样，永远都是乱糟糟的。他自己还特别乐意待在乱七八糟的房间里。

那您会帮他收拾吗？

张老师

一碟蚕豆

我刚开始是会帮他收拾的，但我就算帮他收拾了，过一会儿他也会重新弄乱。我后来就直接命令孩子去收拾房间，但是他收拾得毫无章法，我之后还得再收拾一遍。张老师，您有什么办法能让孩子自己收拾好房间吗？

**张老师看问题**

孩子爱玩玩具，但玩完之后又到处乱扔，家长只能跟在孩子屁股后面收拾。有些家长想教会孩子自己收拾东西，结果孩子刚开始可能会象征性地收拾一下，但时间长了还是该怎么扔就怎么扔。孩子到底为什么不爱收拾呢？我来给大家分析一下原因。

### ▶ 1. 孩子认为总有人替他收拾

家长们嘴上催促着孩子收拾房间，可看见孩子无动于衷，还是自己动手去收拾。孩子看见自己之前乱糟糟的房间又变得干净整洁，自然就会觉得，就算自己不收拾，还是会有人替自己收拾，所以把自己房间弄得再乱也不在乎。

### ▶ 2. 孩子喜欢被包围的感觉

通常孩子经常拿出来玩的东西，都是自己爱不释手的。如果一个房间里到处堆着孩子自己喜欢和熟悉的东西，喜欢的玩具在身边一伸手便可拿到，孩子会非常有安全感。他不会觉得乱糟糟是不好的事情，只会觉得把东西收拾起来后，下次还要拿出来，下意识地认为收拾东西非常麻烦。

### ▶ 3. 孩子不知道怎么收拾

很多时候家长让孩子把自己的房间收拾好时，只是匆匆忙忙留下一句"你的房间乱死了，赶紧把房间收拾好"。之后，孩子自己收拾的时候也只是胡乱塞一通，不知道怎么分类，不知道衣服该怎么叠，不知道玩具和书籍该怎么放，最后还是得等家长回来"打扫战场"。结果，孩子到头来也没学会怎么收拾东西。

张老师的落地方案

孩子不爱收拾从根本上来说就是怕麻烦，没有养成整理东西的习惯。那我们就从这两个角度入手，提升孩子的整理技能，并让孩子了解收拾房间没那么麻烦。下面这几个方法，家长们可以尝试一下。

### ▣ 1. 训练孩子分类整理的能力

不要一开始就让孩子自己去收拾房间，先在生活中培养孩子分类整理的习惯，比如家里日常用品的分类、衣服的分类、垃圾分类等。同时，了解孩子使用东西的习惯，跟孩子一起把房间里的东西进行分类，比如经常使用的、偶尔使用的、不怎么使用的，以及从来不用的，根据方便程度进行分类整理。

### ▣ 2. 把收拾房间变简单

增加孩子收拾东西的乐趣，从一小块地方的整理开始，明确地告诉孩子要怎么收拾，比如"把你的汽车玩具都整齐地放在你的第二个玩具箱里面"。在孩子收拾完之后，我们要及时给予正面反馈，可以是口头夸奖，也可以是物质奖励。

我们可以在家里放一块积分小黑板，在上面标注孩子获得的积分。孩子整理一部分物品就累积一些积分，积分累积到一定程度可以兑换奖励。比如，叠好自己的袜子是 1 分，整理好自己的书架是 5 分，积累到 50 分可以实现孩子的一个愿望。

### ▣ 3. 按照孩子的喜好设置收纳空间

很多收纳空间其实都是按照成人的喜好和习惯来设计的，孩子收纳起来就会很费劲。所以，家长们可以打造一个对孩子比较友好的收纳空间，塑造一个更易于孩子进行整理的环境。家长可以先询问孩子的意见，让他管理自己的房间，比如把收纳盒或者收纳架子放在比较矮的地方，脏衣篓放在孩子经常扔衣服的地方。

# 家长反馈

一碟蚕豆

张老师，谢谢您，我按照您的方法教孩子整理房间，现在他已经能自己收拾房间了。

不用谢。他具体是怎么改变的呢？

张老师

一碟蚕豆

他原来就是喜欢躺在"垃圾堆"里的那种。我问他为什么不喜欢收拾房间，他说他不会收拾。我就教他怎么把自己的东西分好类，然后根据他的收纳习惯规划出来一块小的收纳区。他收拾完我还会给他一点奖励。他后来就自己主动收拾房间了。他还跟我说，他现在特别喜欢收拾房间，看见自己的房间干干净净的，心情就会很好。

孩子的学习能力其实很强，收纳小技巧的学习结合适当的激励，能让孩子养成收拾房间的好习惯。

张老师

# 孩子总赖床怎么办

一笑而过

张老师您好，请教一个问题：我家孩子早上总赖床怎么办？

每天都这样吗？还是只有上学的时候这样？

张老师

一笑而过

好像只有上学的时候这样，早上怎么叫都叫不醒。有时候把他叫醒了，没一会儿他就又倒下去了。他自己倒是不着急，只有我们在旁边急得团团转。

您有尝试用一些方法叫醒他吗？

张老师

一笑而过

我用了很多办法，从一开始的好声好气，到后来直接把他拎起来，天天都变着法叫他起床。后来我想掀他的被子，他就钻到被窝里，把被子攥得紧紧的，不留一点缝隙。而且有时候我知道他醒了，但他就是赖着不想起床。张老师，您有什么好办法吗？我实在是没招了。

**张老师看问题**

　　很多家长一到早上就头疼，不仅要准备早餐，还要把"懒孩子"从被窝里拉出来。孩子不仅叫不醒，如果家长强行把孩子弄醒的话，有时还要接受孩子的"起床气"攻击，整个早晨就变得鸡飞狗跳了。我们要解决孩子赖床的毛病，就要找到问题的根源。我先来分析一下原因，家长们看看是不是这么回事。

### ▶ 1. 白天睡太多

　　零食吃多了，正餐就吃不下。就像饭前吃零食一样，如果孩子白天的觉睡得太多了，到了晚上要睡觉的时间就睡不着。孩子白天精力过剩就会很晚入睡，早上自然也就很难按时醒过来。主要还是作息有问题，晚上睡眠时间减少，精力支撑不了早起的行为，孩子就会变成"起床困难户"。

### ▶ 2. 故意拖延时间

　　有时候孩子已经醒了，但是又不想上学，就故意躺在床上假寐。孩子能拖一点时间就拖一点，心想如果能因为起不来床就请假，正好就可以不去上课了。甚至有的孩子犯懒，不想自己收拾东西，就等着父母担心时间不够，主动来帮自己收拾。

### ▶ 3. 深度睡眠不能快速清醒

　　人在睡觉时深度睡眠和浅度睡眠交替进行，孩子也不例外。想要把孩子从深度睡眠中唤醒，需要一个缓慢的过程。如果孩子的起床时间正好处于深度睡眠阶段，孩子就会本能地贪睡，很难快速清醒。可能家长刚把孩子叫起来，过一会儿再过来看，孩子又躺下了。

**张老师的落地方案**

家长们要特别注意，叫醒孩子的方法不要过于粗暴，比如突然把孩子的被子掀掉，突然把窗帘和窗户都打开，直接把孩子从被子里拽出去。大家可以尝试下面我给出的几个方法。

### ▶ 1. 调整孩子的作息时间

孩子正处于长身体的时候，一定要保证孩子充足的睡眠时间。午睡的时间不要太长，一般半个小时就足够了，之后在晚上入睡之前都不要再让孩子躺下休息了，一定要让孩子到点再睡觉。把能干扰到孩子睡眠的东西都拿出卧室，比如手机、平板电脑等电子产品。家长最好也遵循孩子的作息时间，以身作则。

### ▶ 2. 用舒缓的方式叫孩子起床

很多时候家长强硬的叫醒方式会让孩子反感。家长们可以尝试一下用舒缓有趣的方式叫孩子起床。比如，给孩子设定固定的起床铃声，放孩子喜欢的音乐、动画片，让孩子在被窝里坐起来慢慢清醒。

或者可以在前一天晚上跟孩子做好约定，如果孩子第二天能够按时起床，就给孩子一个小惊喜或者小奖励，毕竟有动力孩子才能起得更快。

### ▶ 3. 让孩子明白赖床的后果

有些孩子怎么教育都改不了赖床的毛病，这时不妨让孩子承担一次赖床的后果，让孩子明白自己的行为是需要自己负责的。比如，让孩子自己承担上学迟到的后果，顶着同学和老师的目光回座位，接受老师的批评。这样一来，孩子就会自己长记性，并会因为羞愧心和避免批评而选择不再赖床。

家长反馈

一笑而过

我家孩子现在起床比以前快了很多，张老师，您给的方法不仅实用，操作起来也很简单。

谢谢您的认可！现在孩子起床的情况怎样了？

张老师

一笑而过

经过您的分析，我明白了孩子赖床很多时候是因为没有睡好。于是，我就及时调整了他的作息，让他晚上的时候早点去睡觉，也不让他在睡觉之前看电子产品。早上起床的时候，我也不强硬地叫他起床，而是给他放他喜欢的动画片的音乐。他听到音乐后，一下子就起床了，还很开心地哼着歌穿衣服。

起床是件难事，但只要找对方法，就能让孩子轻松起床。孩子调整好了以后，肯定就不会再赖床了。

张老师

# 辅导作业，我总是忍不住发脾气怎么办

睡眠小羊

张老师您好，我每次辅导孩子写作业总会发脾气。我该怎么办？

您能说说孩子什么样的情况会导致您发脾气吗？

张老师

睡眠小羊

现在辅导孩子写作业真的太难了，总是能让我憋一肚子火。我上一秒教给孩子的方法，他下一秒就能忘记。孩子的字也写得歪歪扭扭的。我让他好好写作业，他却在那里嘻嘻哈哈，以为我在跟他开玩笑。一道题反反复复就是教不会，我明明已经仔细跟他讲清楚了。

您有尝试过自我调节吗？

张老师

睡眠小羊

调节不了，我实在是控制不住自己的脾气，您有什么好办法吗？

张老师看问题

对于家长们来说，辅导孩子写作业绝对是一场"硬仗"，对我们的耐心和脾气是极大的考验。我们总是在内心反复劝说自己要保持冷静，但在面对孩子不开窍的脑袋和敷衍的学习态度时，还是会忍不住发脾气。这到底是为什么呢？主要有下面四点原因。

### 1. 对孩子的期待太高

我们对孩子投入过高的期待，期待孩子能做出非凡的成绩。比如，孩子刚接触英语，我们就期望孩子能说流利的口语；孩子刚学新的知识点，我们就期望孩子能够立刻举一反三。

然而，事与愿违，孩子总是在学习上表现得不尽如人意。我们似乎总是忘记孩子可能只是普通人，总是拿自己家的孩子跟别人家的进行比较。但我们越比较，内心的落差就越大。我们恨铁不成钢，不自觉地就会把脾气撒在孩子身上。

### 2. 高估了孩子的学习能力

我们发脾气的另一个原因，就是看起来很简单的知识点，却怎么教也教不会。无论我们讲了几次，孩子就是理解不了，更没办法写出正确的解题步骤。实际上，那是因为我们高估了孩子的学习能力。我们只是在用成人的思考能力来理解孩子要学的知识。

### 3. 不满孩子的学习态度

我们在旁边教孩子写作业，孩子还是没办法集中注意力，总在旁边开小差。有些题目孩子明明会做，但就是不细心，总因为学习态度问题而出错。我们在旁边强调了许多遍，可孩子就是改不过来。这种不认真对待学习的态度让我们大为恼火。

### ▸ 4. 自身压力产生的负面情绪

父母身上背负的工作和家庭的压力太大，耐心在回家之前已经被消耗了一大部分。所以，我们在带着一身疲惫去辅导孩子的时候，很难再应对孩子写作业时的各种情绪，也容易把自身的情绪转移到孩子身上。

 张老师的落地方案

孩子的作业需要辅导，但我们总是控制不住脾气怎么办？我们一起来看看下面的方法。

### ▸ 1. 暂时离开现场

如果我们处于情绪爆发的边缘，就不要再继续辅导孩子了，可以先离开孩子的身边去喝口水，在客厅的沙发上坐 10 分钟再回来。在此期间，我们可以尝试反思一下自己为什么要发脾气，是否还有更好的解决办法。我们让自己冷静一下，也让孩子待在房间里反思一下自己的学习问题。

### ▸ 2. 减少介入孩子的学习过程

我们不要让孩子完全按照我们的步骤去学习。如果我们总想纠正孩子的错误，就很容易发脾气，所以要让孩子发挥自己的自主性。辅导作业不是包办孩子的作业，而是在孩子求助的时候，给孩子提供解决问题的思路，帮助孩子理解问题，起到辅助的作用。

### ▸ 3. 站在孩子的角度看问题

在对孩子发脾气之前，我们可以先换位思考，站在孩子的角度看问题。比如，孩子有一段课文总是背不下来，磕磕绊绊，这时我们就可以站在孩子的角度想一想：也许孩子背的时候太紧张了，或者是记忆的方法不正确。我们要接受孩子的错误，降低对孩子的期待，发现孩子在别的方面的闪光点。

 ## 家长反馈

 睡眠小羊

张老师，您分析得很对，我终于知道自己为什么总是在辅导孩子写作业的时候发脾气了。

您最近辅导孩子写作业的状态怎么样？

 张老师

 睡眠小羊

我最近对自己的脾气掌控得好多了。我家孩子现在读四年级，我大致掌握了他现阶段的学习能力。有些知识他吸收得有些慢，我也急不来。每次辅导他写作业的时候，如果他有几个知识点总是不进脑子，我就先出去休息一下，让孩子自己先理解理解。后来我也逐渐放手，不再老纠结他哪一道题没做好，先让他把大部分作业做完再慢慢攻克难题。

孩子也确实需要一些自主性。父母把心态先调整好，才能辅导孩子高效地完成作业。

 张老师

# 孩子交了"坏朋友"怎么办

呦呦鹿鸣

张老师，我想咨询您一个问题：我家孩子交了一堆"坏朋友"怎么办？

您说的"坏朋友"都是什么样的？

张老师

呦呦鹿鸣

基本上都是那种不爱学习的孩子。我家孩子特别喜欢交朋友，其实我挺欣慰的，因为这样就不用担心孩子的社交问题了。但是他最近交的好几个朋友学习成绩都特别差。他现在就跟着这些"坏朋友"成天出去玩，我很担心他被这些"坏朋友"给带坏了。

那您后来是怎么做的？

张老师

呦呦鹿鸣

我跟他说不要总跟那些成绩不好的人一起玩，要多跟优秀的人一起玩。他就很生气，觉得我在干涉他交朋友，对他的朋友有偏见，还说他朋友的坏话。张老师，您给我支个招儿吧，真的是我想错了吗？

**张老师看问题**

孩子交朋友是很正常的，他们在学习和生活中总要朋友的陪伴。但是我们还是会在意孩子的交友情况，总是觉得孩子交的朋友"不合意"。孩子总跟那些成绩不好的"坏孩子"们一起玩，我们就会很担心，巴不得自己替孩子选朋友。但孩子为什么要交"坏朋友"呢？我替大家找出了几个原因。

### ▶ 1. 这个"坏"只是我们定义的"坏"

有些家长对于孩子交的朋友有自己的一套评判标准。对于到底谁是好孩子，谁是坏孩子，成绩变成了主要的衡量标准。他们总是要求孩子交成绩更好或其他方面更优秀的朋友，而且给孩子筛选朋友的时候，总是用很高的标准去要求，一旦有哪些不好的地方，就把他们定义成"坏朋友"。

### ▶ 2. 孩子有自己的择友标准

孩子从家人的圈子里走出去，会逐渐学会怎么结交好友，这是孩子社交的基本需求，也是孩子成长要经历的过程。这时孩子辨别朋友和结交朋友的能力都会逐渐提升，他会从以单一的标准评价朋友发展到可以全面评价自己的朋友。孩子会形成一套自己的择友标准，而父母眼里的"好"与"坏"可能并未包含在他的标准里。

### ▶ 3. "坏孩子"对于孩子来说更有吸引力

很多成绩不好的"坏孩子"并不是一无是处，他们或许只是把更多的时间放在了自己感兴趣的事情上，而不是学习上。他们往往身怀多种才艺，那种独特的魅力非常受其他孩子的欢迎。这些"坏孩子"可能成绩平平，但是活泼热情、容易相处，自然会获得其他孩子的青睐。

**张老师的落地方案**

孩子正在建立自己的社交圈子，在孩子的交友问题上，父母最好用引导的方法而不是强硬的手段，为此我给出了下面三个建议。

**1. 尊重孩子的交友选择**

父母要站在支持者的角度尊重孩子，尊重孩子对朋友的选择。倘若孩子的朋友确实有一些缺点，我们可以跟孩子认真谈谈自己的看法，让孩子能够客观看待朋友身上的优缺点。

就算孩子交的朋友对孩子产生了一些负面影响，我们最好也不要直接插手。我们可以适当地提醒孩子，让孩子自己去学习跟朋友相处。

**2. 主动组织孩子和朋友们一起参加活动**

我们可以组织年龄差不多大的孩子们一起参加活动，比如爬山、聚餐、打篮球等。其间，家长们可以观察孩子跟朋友之间是怎么相处的，以及孩子的朋友各方面的表现。同时，我们还可以在活动中引导孩子全面认识自己的朋友，培养孩子理性交友的能力。

**3. 教孩子分辨朋友的好坏**

有时孩子并不能分辨朋友是不是"毒朋友"，这个时候我们就要教会孩子分辨朋友的好坏。注意，我们不能直接对孩子说他的朋友是"坏孩子"，而要举例告诉孩子什么样的朋友才是真正的朋友，让孩子自己评判朋友的行为。比如，我们可以告诉孩子真正的朋友是互相尊重的，而不是一味地让对方付出。

**家长反馈**

呦呦鹿鸣

谢谢张老师的点拨，我现在很少干预孩子交朋友的事了，而且孩子现在也学会正确择友了。

不用谢，您跟孩子具体都是怎么做的呢？

张老师

呦呦鹿鸣

我知道自己是带着挑剔的眼光在看孩子身边的朋友，但就是控制不住，因为我不想孩子被带坏。后来看您的分析，我了解到孩子身上都是存在多样品质的，学习差的孩子不一定人品不好。而且，孩子很不喜欢我叫他跟谁玩。于是我就放手不管那么多了，但我会教孩子怎么看身边的朋友是不是对自己有益。

孩子的朋友对于孩子来说是很重要的存在，父母一定不能干涉太多，在必要的时候多提醒一下就好。

张老师

# 孩子遭到同学孤立怎么办

看朝阳

张老师您好，我家孩子在学校遭到其他同学的孤立怎么办？

您是怎么发现的？情况严重吗？

张老师

看朝阳

我家孩子最近突然变得很内向，不爱说话，看我的眼神也总是躲躲闪闪。我问他是怎么回事，他跟我说周围的同学都不理他了，也不跟他玩，我这才知道孩子被孤立了。孩子倒是没有受到什么实质性的伤害，就是内心深受打击，总觉得是他自己不够好，才没有人跟他玩。

那您有采取什么措施来处理孩子被孤立的情况吗？

张老师

看朝阳

我曾偷偷去学校看了一眼，没看出来发生了什么事，但孩子下课后就一个人坐在座位上发呆。我不知道怎么处理。张老师，您有什么好办法吗？

## 张老师看问题

　　有时候孩子回到家不爱说话，总是闷闷不乐，我们一问才知道，原来是孩子在学校里交不到朋友，甚至被其他的同学孤立了。我们看孩子这个样子很心疼，却不知道该怎么插手孩子的社交活动。先别着急，让我们先分析一下孩子为什么会被孤立。

### ▶ 1. 不合群

　　正在成长中的孩子非常注重集体的特性，容易受朋友的影响，也容易跟着"大部队"走，产生从众心理。孩子们更喜欢跟自己有相同特质的人待在一起。因此，我们的孩子跟其他的孩子交往不融洽、不合群的时候，就很容易被其他孩子排挤。一旦有一个人主导孤立，周围的孩子不是表示支持，就是默默旁观，这样我们的孩子就会逐渐成为被孤立的对象。

### ▶ 2. 太高调

　　有些孩子以自我为中心，喜欢过分炫耀，甚至瞧不起其他同学，这样很容易招来别人的嫉妒。又或者是孩子本身就比较优秀，喜欢争强好胜，总在不经意间展露自己的锋芒，在什么地方都想高人一头。这样孩子就会渐渐被同学疏远，甚至被排挤和孤立。

### ▶ 3. 性格太内向

　　有些孩子自信心不太强，平时不太爱说话，比较内向、胆小，也不善于交朋友。那些品行不良的同学往往会抓住这一点，以欺负这样的"老实人"为乐趣，带着周围的同学一起实施孤立的行为。

#### ▶ 4. 缺乏社交经验

有的孩子在与人交往的时候，对自己的行为和语言没有把握好分寸，可能会在无意识的情况下做出一些让其他人感到不舒服的行为，比如不想跟别人分享东西，将讨厌别人的话直接说出口。孩子只是急于表达当下的情绪，其实并没有恶意，但听的人却会不开心。

因为孩子缺乏社交经验和相关的技巧，而且又对其他人的情绪感知不敏锐，得罪人而不自知，所以才被逐渐孤立。

## 张老师的落地方案

孩子被同学孤立，我们该怎么处理呢？我总结了下面几个方法，希望可以帮助孩子重新交到朋友。

#### ▶ 1. 教孩子社交礼仪

我们要让孩子明白社交礼仪的重要性，教给孩子一些简单的社交礼仪，告诉他们在跟别人相处的时候要懂得谦让和包容。让孩子懂得要真诚待人，既要尊重别人，也要尊重自己。

教孩子在别人面前保持一个好形象，比如给孩子列一个社交礼仪清单，上面写上孩子可以对别人说的话和不能说的话。我们还可以跟孩子一起讨论为什么没人跟他一起玩，让孩子了解自己的不足，并鼓励孩子积极改正。

#### ▶ 2. 给孩子创造社交机会

孩子没朋友，我们就帮助他找朋友。在放假休息的时候，我们可以邀请亲朋好友带着孩子来家里做客，让孩子跟亲戚朋友家的孩子多相处。我们还可以带孩子去公园和广场上玩，鼓励孩子多认识一些新朋友。

此外，我们也可以尝试帮孩子"拉拢"几个班上的孩子，跟这几个孩子的家长联系，组织一个小型的聚会，促进孩子之间的友谊。

### ▶ 3. 做孩子最坚实的后盾

有时孩子被孤立并不是孩子自身的原因，我们知道情况之后不要指责孩子，而是要站在孩子的背后支持孩子。让孩子不必为了融入团体而委屈自己去迎合别人，要积极应对自己跟别人之间的矛盾。我们还要告诉孩子：朋友不需要很多，有一两个知心的朋友足矣。

**家长反馈**

 看朝阳

> 谢谢张老师的方法，我家孩子终于交到了真心的朋友。

> 我真替孩子高兴，您说一下自己是怎么做的吧。

 张老师

 看朝阳

> 刚开始知道孩子被孤立了我很震惊，我第一时间想到的是孩子是不是被欺负了。后来孩子跟我说，他不太敢跟别人说话。我觉得可能是其他孩子觉得我家孩子不好相处吧。我就学您的方法，先教孩子一些基本的社交礼仪，再帮孩子"牵线搭桥"，跟几个家长约着一起组织家庭郊游。这样一来二去，孩子就有了比较熟悉的朋友。他逐渐放得开了，后来在班上也交到了好朋友。

> 这是非常好的现象，我真心希望孩子能在学校里交到更多的朋友。

 张老师

# 孩子做什么都没常性怎么办

七月的风

> 张老师，您好！我家孩子做什么都没常性，坚持不下来怎么办？

> 她具体做什么事情坚持不下来呢？

张老师

七月的风

> 她自己想上各种课外的兴趣班，比如说跳舞、弹钢琴等。她想学什么我都是支持的，但她总是三天打鱼，两天晒网，学什么都坚持不下来。每次学一两个月，她就不想继续学了，基本上都是半途而废。

> 您有采取一些措施让她坚持吗？

张老师

七月的风

> 我跟她说，报了班就要坚持下来。我每次都盯着她去上课，但她抵抗的方法就是上课敷衍。连老师都跟我说孩子学起来不认真。我也不可能时时刻刻盯着她，她这么没常性怎么办？您有什么好办法吗？

## 张老师看问题

孩子喜欢的事情有很多，一会儿喜欢绘画，一会儿喜欢跳舞，一会儿又喜欢游泳。家长为了孩子的全面发展，自然都是支持孩子的。但孩子总是学几天就放弃，做什么事情都三分钟热度，没有常性。家长想尽办法催促，但孩子就是提不起兴趣。为了解决这个问题，我先来分析一下背后的原因。

### ▶ 1. 孩子的爱好太广泛

孩子正处在好奇心旺盛的时候，什么有意思的事情他们都想去尝试。但这些只是孩子对世界的探索，这就导致孩子的兴趣来得快，去得也快，看起来像"三分钟热度"。家长们可能会被孩子这种表面上的热爱所"欺骗"，埋怨孩子总是半途而废，但这可能只是孩子的天性使然。

### ▶ 2. 孩子没有收获正面激励

人的大脑在处理事情的时候有一种特殊的机制，当孩子获得奖励的时候，大脑会释放多巴胺等神经递质，让孩子产生满足感和愉悦感。

孩子如果经过一段时间的学习，没有达到预期的目标，得不到及时的反馈，就会失去继续坚持的动力。比如，学弹琴的时候某个曲子总是弹不好，孩子就会感到灰心，认为自己没有这方面的才能，便想要半途而废。

### ▶ 3. 父母给的压力太大

有时孩子只是一时兴起想学点什么，而家长则在孩子身上寄托很高的期望。比如，孩子想尝试学习一下书法，而家长的脑子里就开始幻想孩子变成书法大师的模样，从而不断地给孩子施加压力。当培养兴趣变成了完成父母的任务，孩子可能本来对这件事很感兴趣，但现在也只会想着赶紧放弃。

张老师的落地方案

要让孩子把事情坚持做下去，就要充分调动孩子的意愿和动力。家长可以试试我下面给出的三个方法，让孩子养成坚持完成任务的好习惯。

### ▶ 1. 给孩子展示成果的机会

为了鼓励孩子把该做的事情继续坚持下去，多给孩子展示自己成果的机会。比如，如果孩子学了画画，可以让孩子尝试给父母画一幅画，多给孩子一些夸奖和鼓励，把孩子的画作在家里进行展示。有亲戚朋友来的时候，也可以当着孩子的面多展示一下。

让孩子明白，他的努力和坚持会得到别人的认可，他的付出一定会有所收获。这样一来，孩子自然会慢慢建立起继续坚持的兴趣和自信。

### ▶ 2. 使用"多巴胺控制法"

把孩子达成目标的过程游戏化，让他们大脑中的多巴胺持续生效。这里的"游戏化"不是说真的玩游戏，而是让整个过程变得快乐，让孩子有持续的兴趣来坚持下去。

我们要尽量让孩子在不增加负担的情况下获取新技能、新知识，提升他们在坚持过程中的幸福感，比如让孩子跟朋友一起坚持，用小奖励当成孩子达成目标的"诱饵"，等等。

### ▶ 3. 给孩子够得着的成就感

目标太大，孩子会知难而退，那就将孩子要坚持的事情碎片化、简单化。

明确的大目标是要提前设置的，有目标才能有动力。但孩子能看得见、够得着的小目标也需要设置好。父母可以帮孩子将目标分解成小的、容易实现的小目标，而完成这些小目标所带来的成就感会让孩子心甘情愿地坚持下去。比如，如果孩子要学滑板，父母可以把学滑板分解成上板、滑行、花式动作等步骤，每学会一个动作就肯定孩子的努力。

## 家长反馈

七月的风

> 张老师，您的方法很实用，并且具有创新性。我家孩子现在总算能坚持做一些事情了。

> 听您这么说，我很开心。您跟我谈谈您是怎么让孩子坚持下来的吧。

张老师

七月的风

> 我就是学您的方法，增加孩子坚持下去的动力。孩子之前做事的时候持续性很差，很难坚持很长时间。这次她想学萨克斯，我也让她去学了。她学了几首曲子，我就让她在家里开了一个小型"音乐会"，还给她颁了小奖状。她特别高兴，说还想多学点，再来给我们表演。碰到很难的曲子时，我就帮她拆成一段一段的，并一直肯定她的努力，后来她就这样坚持下来了。

> 孩子的常性是可以培养出来的，我相信您的孩子以后一定会自觉把事情坚持下去。

张老师

# 不买玩具孩子就撒泼打滚怎么办

安静看雪

张老师您好，我家孩子一逛街就盯着玩具看，看到想买的就撒泼打滚一定要买到。您说我该怎么办啊？

他每次逛街都这样吗？

张老师

安静看雪

对，他特别以自我为中心，只要是看中的玩具，不买到就不罢休。好几次他的声音都特别大，周围都没人敢往我这边走，搞得我特别尴尬。

您有尝试过制止他这种撒泼打滚的行为吗？

张老师

安静看雪

我刚开始也跟他讲道理，说家里有类似的玩具，不用再买了，但是他就是不听，后来就开始赖在地上打滚。我也想过不理他，就看着他撒泼打滚，但是他在人家店里这样闹我也很不好意思，只能每次都妥协。您有什么好方法吗？

**张老师看问题**

尽管家里已经有很多玩具了，但孩子看见新玩具还是挪不动脚。出门在外不好教训孩子，如果我们不给买，孩子就会原地撒泼，这让我们非常头疼。孩子总是追着父母买玩具，到底背后有什么原因？我在这里先给大家分析一下。

### 1. 孩子也会看眼色行事

孩子想要玩具，他可能也知道父母不会买，但是他会试探父母的底线。当父母不堪忍受孩子的哭闹，然后妥协买下玩具，孩子就会认为只要哭闹就能得到想要的东西，慢慢养成每次出门都要买玩具的习惯，因为他知道父母最后一定会答应。

### 2. 父母不买玩具的理由太敷衍

有时候父母认为玩具太贵了，不值得花钱买，但又不想跟孩子说真实的原因，就找各种理由敷衍，比如家里已经有了、玩具不好玩等。孩子感觉到父母在敷衍自己，就会觉得自己想买玩具的要求是正当的，父母反而成了不讲理的那一方。父母越不真诚，孩子想买玩具的欲望就会越强烈。

### 3. 孩子的需求得不到满足

孩子总是想要玩具可能并不是因为玩具好玩，而是因为自己想要父母陪伴的需求得不到满足，只能用玩具来替代。有些父母虽然出于补偿心理总答应孩子买玩具的要求，但是实际问题并没有解决，孩子仍然没有得到父母真正的关注，那孩子这种买玩具的需求就会只增不减。

**张老师的落地方案**

　　面对孩子索要玩具时的无理取闹，最重要的就是家长的态度。家长们不能一味地冷眼旁观，也不能粗暴批评。究竟该怎么做呢？跟我来看看下面的解决方法。

### ▶ 1. 坚持规则的底线

　　不能让规则变成摆设。在出门之前跟孩子商量好规则，如果说好不买玩具，或者只买一个玩具，就要坚持好这个规则。如果孩子仍然闹着要玩具，家长可以先跟孩子讲道理，不听就立刻打道回府，让孩子明白规则不能随便打破，不守规则是需要承担后果的。

　　家里如果人比较多，出门逛街之前要保持口径统一。如果妈妈不买，但是爸爸买、爷爷买，孩子就会认为有"保护伞"可以依靠，再怎么立规则都无济于事。

### ▶ 2. 培养孩子延迟满足的能力

　　推迟孩子买玩具的要求，告诉孩子胡闹是不会得到玩具的。跟孩子做一个约定，即如果这次不买玩具，下次父母就会给孩子买更好的玩具。

　　但延迟满足不是找借口哄骗孩子，而要真正地履行家长跟孩子之间的约定。多实践几次，孩子就会知道哭闹得不到玩具，但是花费耐心和努力是可以得到玩具的。

### ▶ 3. 矛盾转移，让孩子用自己的钱买玩具

　　答应孩子可以买玩具，但是要用他自己的零花钱。在出门前交给孩子他可以掌控的"逛街资金"，让他自己决定怎么花，告诉他自己想要的东西要自己

买。把孩子跟家长之间的矛盾，变成孩子跟零花钱之间的矛盾。这样既能让孩子学着规划钱财，又能培养孩子量入为出的消费习惯，减少无理取闹。

 ## 家长反馈

安静看雪

张老师您好，我在您这里学了一个好方法，孩子出去再也不会撒泼打滚了。

谢谢您的反馈，现在孩子出去逛街表现怎样呢？

张老师

安静看雪

我家孩子特别喜欢娃娃，每次出门都要买，不买就闹，可家里都快堆不下了。后来我跟您学着让孩子用自己的"购物金"买东西。我每次带他出去逛街都会给他一百元钱，他想买的东西让他自己付钱，如果这次的"购物金"没有花完，还能累积到下一次。这样孩子不仅能自己做主买什么，还能培养他规划金钱的能力。如果想买贵一点的东西，孩子多攒几次钱就可以了。

我很为您孩子的变化感到高兴，这样孩子不仅能获得快乐，购物也更加理性了。

张老师

# 孩子总是丢三落四怎么办

闲云野鹤

张老师您好，我家孩子总是丢东西，养成了丢三落四的毛病。我该怎么给他纠正过来呢？

孩子总是丢哪些东西呢？

张老师

闲云野鹤

大大小小的东西都丢过，一些小文具就算了，这孩子连自己的外套都能丢。孩子的文具丢在教室里、外套丢在操场上、水杯落在公交车上，丢东西的地方真的是五花八门，我都担心他最后自己人都能丢掉。我问他东西怎么丢的，他也不记得。学校里的失物招领处简直快成了他第二个家了。

您有叮嘱过孩子让他看好自己的东西吗？

张老师

闲云野鹤

我真的是叮嘱了无数次，他每次都答应得好好的，但转头就忘了，东西该怎么丢还怎么丢。您这里有什么好办法能治治他这个坏毛病吗？

## 张老师看问题

只要家长一疏忽，孩子不是忘带水杯就是忘带作业。放学到家的时候，他们的文具盒里总会少几支笔，有时候外套也会丢在学校。有时候家长会问孩子为什么东西丢了，孩子也只说东西不见了，丝毫不觉得有什么奇怪的。丢三落四不是小毛病，我来分析一下到底有哪些原因。

### ▣ 1. 父母包办一切

孩子从小就被父母照顾，什么东西都由父母安排好，结果父母养成了包办一切的习惯，孩子也养成了依赖的习惯。即使孩子已经可以独自上学了，父母依旧会给孩子收拾好上学该准备的学习用品，孩子不用担心任何事情，只要安安心心上学就行。

恰恰是家长的这种包办夺走了孩子锻炼自己、为自己负责的机会。时间长了，孩子不仅对自己的事情不上心，也不能学会承担责任。

### ▣ 2. 孩子喜欢把东西随处放

孩子放东西都是怎么方便怎么来，有时候手上拿着书，看到别的有意思的东西就把书往身边随手一放，等回过神的时候，书早就不知道丢到哪里去了。

孩子的注意力有限，记忆力也有限。当孩子在专注其他事情的时候，之前有关手上物品的短时记忆就会消失。

### ▣ 3. 孩子不重视自己的东西

#### （1）不知道自己有哪些东西

由于东西都不是自己准备的，自己有几支笔、几块橡皮孩子都不知道，就算东西掉在他面前也不会捡起来。孩子不知道自己有哪些东西，没养成清点自己物品的习惯，丢三落四也就在意料之中了。

**（2）认为就算丢了也会有新的**

东西丢了孩子也会难过，但如果家长总是为孩子丢的东西买单，只要丢了就买新的，孩子就会认为东西丢了也没关系，反正有人会来给自己解决。东西来得太容易，孩子自然就不会珍惜。

 **张老师的落地方案**

想要让孩子不乱丢东西，就要让孩子知道自己的东西本应该在哪儿，学会为自己的东西负责。我提供了几条建议，家长们可以参考一下。

### ▶ 1. 给孩子丢东西的机会

家长不能因为孩子总丢东西，就剥夺孩子自己准备东西的权利，要给孩子犯错的机会。让孩子在丢东西之后承担后果，明白丢三落四是不好的习惯。家长不要无视孩子的错误，要跟孩子一起克服总是丢东西的毛病。

孩子丢东西之后不要责骂他，帮他一起梳理丢东西的原因，但不要帮他把东西找回来，让孩子自己尝试去解决问题。

### ▶ 2. 给孩子设置固定的物品存放区

约束孩子乱放东西的习惯，给孩子整理出来一个固定的区域，跟孩子一起装饰这个区域，把这个固定的地方打造成孩子的专属地带，并以此培养他的责任感。让他把自己的东西分类整理在这个区域，上学经常要用的东西放在一起，平常自己在家常用的东西放在一起，教孩子东西用完后放回原处。

### ◢ 3. 给孩子做准备的机会

**（1）让孩子为家庭做准备**

家长要学会放手，让孩子发挥自己的主动性，参与到准备东西的过程中来。比如，整个家庭一起出行、一起准备做某件事的时候，家长可以跟孩子一起列清单，询问孩子的意见，让孩子一起帮忙准备。

**（2）让孩子为自己做准备**

家长可以给孩子提供建议，但不能把准备工作全部揽下来。用纸板或者小黑板给孩子制作一张清单，让孩子根据不同的场景写下要准备的不同的东西，比如平常上学需要的东西、上舞蹈补习班要准备的东西、出去逛街要准备的东西，家长可在旁边适当提醒和补充。

**家长反馈**

闲云野鹤

您的方法真不错，简单又实用。我家孩子现在丢三落四的次数越来越少了。

谢谢，请说说您是怎么做的吧。

张老师

闲云野鹤

他之前对自己的东西没有什么概念，东西总是随手放。我采用了您的方法，让孩子在我们一起出去旅行前准备东西。要带什么东西大家一起商量着来，之后我会把需要准备的东西都写在一张单子上，放手让孩子去准备。这样一来，孩子不仅要为自己的东西上心，还要对大家所有的东西负责。多实践几次之后，孩子就知道自己的东西要看好，再也不随便乱丢了。

孩子知道准备东西不容易，就会更加珍惜，之后肯定不会再那么马虎了。

张老师

# 孩子喜欢发脾气怎么办

开心就好

张老师，您说我该怎么办？孩子跟个炮仗似的，总喜欢乱发脾气。

具体是因为什么事情，孩子才爱发脾气的？

张老师

开心就好

孩子现在脾气可大了，一点都不能逆着他来。他没吃到零食会发脾气，吃蔬菜会发脾气，去上学会发脾气。可以说，只要有一点不满意的地方，他就乱发脾气。我不知道他为什么变得这么骄纵，总怕他把自己气坏了。

孩子总闹脾气确实不好处理，您后来是怎么做的？

张老师

开心就好

我如果当时有些耐心，就会多哄哄他。但如果我本身就很累了，根本不想应付孩子的无理取闹，那他发脾气，我也想发脾气，然后就变成我跟孩子吵成一锅粥的局面。张老师，您给想想办法吧，我实在是忍受不了孩子的坏脾气了。

**张老师看问题**

如果家里有个动不动就爱发脾气的孩子，我们情绪上来的时候就会跟孩子吵架。这样父母难以忍受，孩子也充满怨气，整个家都会变得鸡飞狗跳。其实，孩子不会乱发脾气。孩子发脾气背后有各种原因，让我来分析一下。

### ▶ 1. 孩子用发脾气来要挟父母

当孩子的需求没有被满足的时候，他们就有可能会用激烈的情绪来要挟父母，比如想要的玩具没买到，想吃的东西没吃到，等等。如果我们怕孩子的激烈情绪表达，孩子一发脾气就妥协，那么久而久之，孩子自然就学会了用发脾气的方式来达成自己的目的。

### ▶ 2. 孩子想引起父母的关注

孩子平时从父母那里得到的关注和陪伴不够，但他们却发现只要自己表达消极的情绪、展露负面的行为时，父母就会关注他、回应他。对于孩子来说，虽然乱发脾气可能会惹父母生气，甚至会挨打挨骂，但是没有父母的关注才是最难过的事情。

### ▶ 3. 孩子想发泄自己委屈的情绪

孩子和成人一样，会有自己的小情绪。他们都想被看见、被理解、被安慰，但是他们的内心还不够成熟，不知道怎么合理地表达自己的感受和需求，所以只能采取乱发脾气这种极端的方式来发泄自己委屈的情绪。

张老师的落地方案

为了消除孩子的小脾气，我们家长首先要稳住阵脚，不要跟孩子对着干。我们要在孩子面前扮演好三个角色：情绪的倾听者、情绪的共鸣者和情绪的引导者。下面我就从这三个角度来提几点建议。

#### ▶ 1. 保持温和的态度，接纳孩子的脾气

在孩子情绪激烈的时候，家长要保持冷静、温和的态度，不能跟孩子发脾气。我们要让孩子知道，他的乱发脾气和胡闹在我们这里是没有用的。当孩子的脾气没有得到回应的时候，他的行为自然就会慢慢停下来。等孩子冷静之后，我们再继续跟孩子进行交谈。

#### ▶ 2. 询问孩子发脾气的原因，跟孩子产生共情

这个时候我们就要做一个好的倾听者，倾听孩子的烦恼，询问孩子到底为什么要发脾气。我们可以在孩子情绪激动的时候拉住孩子的手，用眼睛认真看着孩子，表示自己理解孩子的感受，并且随时可以为孩子提供帮助。我们还可以抱一抱孩子，告诉孩子可以尽情把内心的想法说出来。

#### ▶ 3. 教孩子合理表达情绪，提供解决办法

帮孩子认知各种各样的情绪，让孩子可以识别自己当下的情绪，比如生气、失望、孤独、自豪等，让孩子对自己的脾气和行为有一个客观的评价。

我们可以给孩子做控制情绪的示范，告诉孩子当父母生气的时候不会大吵大闹，而是会想办法解决问题。让孩子知道适当地发泄情绪是可以的，但是要注意表现的方式，不能让它伤害到自己或者其他人。

## 家长反馈

开心就好

张老师，真的很感谢您的分析和解决办法。我家孩子已经没那么爱发脾气了。

不用谢，现在孩子的状态怎么样？

张老师

开心就好

孩子现在表达情绪温和多了。他原来脾气很不好，后来我听您的，不再跟他对着干，而是耐心地接受他的小脾气，问他到底为什么会生气、难过、委屈。他在我的引导下都说了出来。我告诉他我明白他的感受，但是不能因为自己难过就把脾气发在别人身上。之后，我就教他辨别自己的情绪，教他如何正确地表达情绪、解决问题。比如，孩子不喜欢吃西蓝花，原来会发脾气摔碗，后来他学会了把自己想法说出来，我理解了他，就让他少吃一点。

孩子现在状态很好，我相信孩子之后能更好地控制脾气。

张老师

# 孩子输不起怎么办

安之若素

张老师，我家孩子总是输不起怎么办？

他平时是怎么表现出输不起的？

张老师

安之若素

有时候跟孩子一起比赛搭积木，他只要输了就不高兴，甚至还喊着"我再也不玩了"。有时为了赢，他还会耍赖皮。他自己赢不了，还不许别人赢。在学校里也是一样，参加运动会或者小比赛输了之后，他一整天都会很不高兴，动不动就发脾气。

您有试着帮他调整心态吗？

张老师

安之若素

我跟他说，输赢不重要，重在参与，他却反驳我说："如果不重要，那我为什么还要去比赛？"我跟他解释，他就是不听，就是不甘心输给别人。这样下去，我担心孩子以后会产生一些不好的思想。我想问问，您有什么好办法吗？

**张老师看问题**

　　孩子不论是玩游戏，还是参加小比赛，总是输不起，一输就发脾气、推卸责任，甚至会耍赖皮。争强好胜不一定是坏事，但孩子总是承受不住失败的结果，实在让家长感到头疼。我先来分析一下原因。

### ▶ 1. 父母太看重孩子的成败

　　孩子输不起，是因为父母把孩子的成败看得太重。如果父母的好胜心太强，平常对输赢太在乎，很容易就会影响到孩子对待输赢的态度。

　　还有的父母会把自己的严格要求转变成孩子身上的压力。如果孩子表现得非常优秀，他们就把孩子捧得很高；一旦孩子稍微出现了失误，他们就严厉指责。这种强烈的落差感让孩子觉得非常煎熬。孩子为了得到父母的肯定，就会变得害怕失败，变得一点也输不起。

### ▶ 2. 孩子经受的挫折太少

　　孩子输不起，是因为他经受的挫折太少了。孩子被家长呵护得太好了，总是待在自己的舒适区，没有经历过什么挫折，很容易认为做什么事情都很容易。但这样也会让孩子变得更加脆弱，受不了一点打击，自然也就输不起。

 **张老师的落地方案**

　　作为父母，我们要帮助孩子正确看待挫折，让孩子明白每一次挫折和失败都是为了让自己变得更好。到底该怎么做呢？请家长们来看看我给出的以下四点建议。

### ▶ 1. 给孩子具体的夸奖

不要过高地夸赞孩子的成功，用词也不能浮夸或者空泛，而是要根据孩子具体做的事情表达自己的肯定和鼓励。比如，如果孩子成功地做了一个蛋糕，我们不要说"你太厉害了""你真是个天才"，而可以说"你的奶油涂得好认真""蛋糕烤得好松软"等。我们要认可孩子的努力，而不是吹捧孩子。

### ▶ 2. 允许孩子失败

告诉孩子输了也没关系，表示自己会一直站在孩子的身边支持他。允许孩子有失败后的情绪反应，不要指责孩子。用正常的态度对待孩子，不要因为孩子失败而表现出失望或者惋惜，而要创造出轻松的交流环境，表现得跟往常没有什么差别。

### ▶ 3. 让孩子多尝试新的挑战

让孩子多尝试新的事物，比如围棋、象棋等输赢都比较频繁的竞技类运动。刚尝试新东西的时候，失败是很常见的事情。另外，竞争性比较强的项目能让孩子明白输赢是经常发生的事情。

### ▶ 4. 引导孩子把注意力放在努力的过程上

跟孩子一起复盘比赛或者竞争的整个过程，告诉孩子在这个过程中哪些地方有收获，哪些地方可以再进步，告诉孩子输了或者失败了都是一种尝试的结果。比如，虽然孩子跑步比赛没有得第一名，但我们可以告诉孩子在准备比赛的过程中他们的身体变得更强壮了，比赛的名次也比之前提高了，让孩子明白努力的过程比结果更重要。

**家长反馈**

安之若素

张老师您好，您的方法真的帮了我大忙，我家孩子现在面对失败已经不那么难受了。

那太好了，请跟我说说您是怎么做的吧。

张老师

安之若素

孩子之前凡事都输不起，我就想找到原因对症下药。后来听了您的分析，我知道我们父母太在乎输赢了，而且孩子经受的失败也太少了。我就让孩子多去尝试新的事物和多参加比赛。我跟孩子爸爸就单纯地支持孩子多参与，再也不评判他是输还是赢了。我还经常带孩子复盘比赛过程，中途不停地肯定他的努力。后来孩子经历多了，而且知道我们是真心支持他的，就没有那么焦虑，也没有那么输不起了。

孩子这种正向的心态转变是很难得的，希望孩子能够继续保持下去。

张老师

# 孩子喜欢顶嘴怎么办

雨中漫步

我家孩子总是跟我顶嘴，张老师，您说我该怎么办呀？

他一般在什么情况下跟您顶嘴呢？

张老师

雨中漫步

我家孩子就是听不得我教训他，只要我说他两句，他就开始顶嘴。比如，饭桌上我让孩子别挑食，多吃蔬菜，他就会说："凭什么只要我一个人吃这么多蔬菜，我就是不喜欢吃！"有时候孩子做错了事，明明知道自己错了，但就是要跟我顶嘴，特别犟。

那您后来是怎么做的，有帮助他改正吗？

张老师

雨中漫步

我当然受不了孩子顶嘴，感觉他是在挑战我的权威。我只能更加强硬地教训他，让他知道顶嘴是不对的。但是他根本就不服气，下次还是顶嘴。我真的很想让孩子好好说话。张老师，您给我分析分析吧。

**张老师看问题**

孩子慢慢长大，也越来越不听父母的话了，甚至我们说一句，孩子就要回一句嘴。父母们面对这样难以管教的孩子，总是怒气上头，一下没忍住就会跟孩子吵起来，但这样根本解决不了问题，孩子反而更喜欢顶嘴了。家长们别着急，先让我分析一下孩子喜欢顶嘴的原因。

### ▶ 1. 父母过于强势

父母总是理所当然地认为孩子应该听从自己的命令，顺从自己的想法，所以对待孩子的时候会不自觉地采取强势的态度，用命令的口气对孩子说话。

孩子的独立意识逐渐成熟，不想服从父母过于强势的管教，就会用顶嘴来展现自己的抵抗心理。

### ▶ 2. 孩子不认同父母

孩子觉得父母对自己的说教是不对的，而且父母道理讲得太多，他们根本就听不进去。孩子不认可父母的说法，自然会用顶嘴的方式把自己的想法表达出来。

另外，孩子有强烈的自我意识，父母单方面的输出会让孩子感到不公平。孩子不认同父母这种交流的不平等性，而顶嘴就是他们表达不满的方式。

### ▶ 3. 孩子在维护自己的自尊心

很多话在父母看来是对孩子好心的提醒，就算语气严厉一点也是为了孩子好。但是对于孩子来说，被父母说教是一件丢脸的事情。当父母过度指责孩子的时候，孩子为了维护自己的自尊心，就会出现用言语顶撞父母的行为。

**张老师的落地方案**

　　面对孩子顶嘴时，父母切忌用自己的地位来压制孩子，因为这样孩子只会更加不服气。我们要把重点放在纠正孩子的态度上。下面我给出了三个方法，家长们可以试试。

### ▶ 1. 跟孩子进行平等的对话

　　父母跟孩子对话的时候要放低自己的姿态，把孩子当成有思想的独立个体，让孩子得到充分的尊重。给孩子话语权，允许孩子表达自己的想法，但同时也要约束孩子说话时的态度。孩子虽然可以跟父母平等地交流，但也要保持对父母应该有的尊重。

### ▶ 2. 引导孩子把顶嘴改为交流

　　不要对孩子的顶嘴行为有所回应，让孩子明白顶嘴的行为是没有意义的。先让双方冷静下来，不要继续互相传递负面情绪，给孩子一个情绪缓冲期。

　　等孩子情绪稳定之后，带孩子去一个安静的房间，坐下来好好跟孩子探讨刚才的行为。问孩子为什么要那么做，告诉他正确的说话方式是把自己的想法说出来，而不是赌气、顶嘴。

### ▶ 3. 把命令变成选择

　　既然孩子不想听父母的命令，想自己做决定，那我们就把命令的方式改成给孩子提供选择，在选择中约束孩子。我们不要说："天这么冷，赶紧把厚衣服穿上！"而要说："今天降温了，你想穿黑色的厚棉服，还是蓝色的羽绒服？"我们不要说："关掉电视，快去写作业！"而要说："今天你是先写语文作业，还是先写数学作业？"

**家长反馈**

 雨中漫步

张老师，您的分析很对。找到了原因和方法后，我家孩子最近都不怎么跟我顶嘴了。

谢谢您的认可，孩子具体是怎么转变的呢？

张老师

 雨中漫步

刚开始我对孩子的顶嘴行为很气愤，觉得他很不尊重我。后来我知道了，其实我也没有把他放在跟我平等的位置上交流，而且我知道是自己的态度太过于严厉了，孩子起了逆反心理。我后来就改了我命令的语气，让他自己多做选择，跟他说话的语气也舒缓了很多。孩子知道好好说话比顶嘴更有效果，就很少跟我顶嘴了。

孩子其实也知道顶嘴是不好的，希望他以后能变得更懂事。

张老师

# 孩子见人不爱打招呼怎么办

空谷幽兰

张老师您好，我家孩子见什么人都不说话，也不打招呼，真是急死我了。有什么好办法吗？

不要着急，您先说说孩子最近有什么表现。

张老师

空谷幽兰

是这样的，我家孩子现在读小学四年级，平时就不怎么爱说话。我也没怎么管，觉得这可能是孩子的个性。但现在她竟然见到亲戚朋友也不说话，人家跟她打招呼她也不理人，就只顾着干自己的事情。您说这多没礼貌啊！

您跟孩子沟通过吗？

张老师

空谷幽兰

我跟她沟通过好几次了，告诉她不打招呼是不礼貌的行为，有好几次都差点发火，但她憋了半天也只发出蚊子大点的声音。您还有别的办法吗？

张老师看问题

当家里来了客人，或者我们带着孩子出门，碰到熟悉的人的时候，我们会要求孩子打招呼。但孩子就是不说话，还躲在我们身后不见人。我们可能会觉得尴尬，甚至开始责骂孩子不懂事。但孩子不爱打招呼是有原因的，我分析出了下面三个原因。

### ▶ 1. 性格内向

孩子的性格多种多样，有的孩子天生就内向，不爱说话和打招呼。但是内向不是缺点，这些孩子更善于独处和自我思考。有一部分内向的孩子是慢热型的，虽然开始的时候他们会十分抗拒打招呼，但他们在与对方逐渐熟悉之后，也会主动打招呼。

### ▶ 2. 抵触陌生人

孩子对陌生人的抵触其实是一种自我保护机制。他们内心会有一套考察陌生人的规则，会通过一些观察和接触来判断眼前的这个人对自己是否是安全的、友好的，最后再决定要不要放下自己的戒心。所以，孩子初见陌生人不打招呼，也是正常的事情。

### ▶ 3. 不知道怎么打招呼

站在父母的角度，孩子不打招呼是因为没礼貌；而站在孩子的角度，有可能是孩子根本就不知道怎么打招呼。他们对于打招呼的这个行为没有什么概念，因为没有系统地学过问候礼仪，所以不知道用什么语言比较合适。这个时候，即便父母在一旁催促，孩子也张不了口。

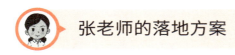

## 张老师的落地方案

大家都喜欢积极打招呼的孩子，但孩子的行为需要我们家长积极去引导。如何培养出一个有礼貌、爱打招呼的孩子呢？我为大家提供了以下建议。

### ▶ 1. 降低社交的要求

并不是大声打招呼或者说话才算社交，跟别人有交流或者接触都算社交。我们可以降低对孩子的社交要求，先让孩子融入群体，再慢慢培养孩子打招呼的习惯。让孩子从一些社交的小事开始做起，比如跟别人点头微笑、握手等。或者让孩子观察同龄人是怎么打招呼的，鼓励自己的孩子跟其他孩子学习。

### ▶ 2. 从熟悉的人开始

如果孩子不喜欢跟陌生人、不熟悉的人打招呼，那就先从孩子喜欢的、熟悉的人开始，比如让孩子跟比较亲近的亲戚朋友打招呼，或者当孩子对某个人展露出好感的时候，积极地鼓励孩子去跟对方打招呼。

在家的时候，我们和家人之间也要养成互相问候的习惯，给孩子起到言传身教的作用。比如，鼓励孩子跟父母互相道早安和晚安，回家说"我回来了"，出门说"我出门了"，等等。

### ▶ 3. 陪孩子练习问候礼仪

#### （1）教孩子问候礼仪

我们要教孩子一些基本的问候礼仪。在语言上，要求称呼加问候，比如"妈妈，早上好"；在声音上，音量要合适，要洪亮但不刺耳；在面部表情上，要保持礼貌微笑，眼睛看着对方；在动作上，可以适当地挥手或拥抱。

### （2）带着孩子练习

要让孩子养成打招呼的好习惯，我们必须带着孩子经常练习。父母可以多给孩子创造一些打招呼的情景。孩子在重复多次之后，就会自觉开始打招呼了。比如，我们可以带着孩子在小区散步的时候，教孩子跟熟悉的阿姨打招呼；搭乘电梯的时候，向一起乘电梯的邻居打招呼；等等。

 **家长反馈**

空谷幽兰

张老师，您的方法真的很好用！原来我家孩子见人不吭声，现在竟然会主动跟别人打招呼了。

您是怎么做的？

张老师

空谷幽兰

孩子刚开始对陌生人很警惕，我们就带着孩子先从身边的人入手。平时我们回爷爷奶奶家都带着她，鼓励她先跟家里人多打招呼。然后我又带着孩子去我同事、朋友家玩，让她跟叔叔阿姨打招呼。现在她胆子慢慢大了，见人也逐渐放得开了。周围的人都说我家的孩子是个热情的小太阳，见谁都打招呼。

孩子现在正是形成性格的好时候，我们适当的介入会带来不错的效果。您家的孩子以后一定会越来越懂礼貌。

张老师

# 孩子马虎粗心怎么办

无敌小兔

张老师您好，我家孩子学习的时候总是很粗心马虎怎么办？

孩子粗心具体有哪些表现呢？

张老师

无敌小兔

那可太多了，每次我给他检查作业的时候，总能发现一大堆因为马虎做错的题目，比如填空题答案写错地方，选择题看着 A 却选了 B，计算题少看了一位数，等等。不仅作业中漏洞百出，这孩子在考试的时候也一样马虎，这就导致他应该能得的分数都因为马虎而丢掉了。

您为了让孩子不那么马虎，做过哪些努力呢？

张老师

无敌小兔

我每次都跟孩子强调要细心一点，甚至在他写作业的时候盯着他写，但是这孩子还是照样很粗心。张老师，您给点建议，帮我家孩子改改这个粗心的坏毛病吧！

**张老师看问题**

孩子课都听得懂，题也都会做，可是家长一检查作业就发现很多问题。这些问题大多是孩子粗心大意造成的，比如抄写时抄错了单词，算题时看错了数，解题时漏写了步骤。我们总是担心孩子把漫不经心的习惯带到考试中去，最后养成马虎粗心的毛病。

孩子为什么总是粗心？我找到了几点原因，我们一起来分析一下。

### ▶ 1. 注意力不集中

孩子做事比较浮躁，难以安静下来，或者只能在学习上专注很短的时间，这种"心不在焉"就是导致粗心的最重要的原因。孩子当下可能坐在书桌前写作业，但他的思想可能已经神游到很远的地方了，手上算着数学题，脑子里却想的是游戏。孩子这样马虎应付作业，最后肯定漏洞百出。

### ▶ 2. 只想快点完成任务

孩子在学习、做题、考试中一味地求快，而赶着时间做事很容易漏掉细节。比如，一目十行地复习，知识点根本不进脑子；快速背单词，没多久就忘记了；快速刷题，正确率很低。只求快、不求好，就会产生因为粗心而出现的错误，知识也很难巩固和熟练。

### ▶ 3. 学习习惯不好

很多粗心的地方都是可以小心规避的，归根结底还是孩子的学习习惯不好。有的孩子在做数学题的时候，在草稿纸上明明算对了，但是因草稿纸上写得乱七八糟，抄到作业本上的时候就抄错了答案。还有的孩子写作业的时候题目没看清，漏看了解题条件，没想好就匆忙下笔。

### ▶ 4. 太自信

有时候孩子浏览一遍作业，觉得"太简单了"，做上几道就开始自满，认为自己全都懂了，后面的题目也就不再认真看题。结果题目确实很简单，但孩子也错了很多。孩子犯错不是因为他们不懂，而是因为他们懂了一点就开始自负。

 **张老师的落地方案**

粗心看起来是小事，但如果总是忽略，最后孩子就很难改掉。为了及时让孩子摆脱粗心的毛病，我给出了下面三点建议。

### ▶ 1. 养成认真检查的习惯

帮孩子养成认真检查的好习惯，不论是在平常的学习中，还是在考试期间，都要提醒孩子在做完题目之后快速检查一遍。检查不是再做一遍题目，而是检查有没有因为粗心导致的错误。比如，语文题目做完后检查一遍有没有写错字，英语检查有没有漏写字母，数学检查有没有把答案填错位置，等等。

### ▶ 2. 在生活中培养细心的习惯

很多粗心的习惯是在生活中养成的，所以我们要让孩子从生活中的点点滴滴细心起来。可以让孩子做一些"细活儿"，做一些需要仔细观察的事情，比如让孩子练习毛笔字，给自己的书籍编号整理。另外，跟孩子一起出行的时候，多提醒孩子关注细节。

### ▶ 3. 复盘粗心造成的错题，然后有针对性地解决

粗心造成的错题也分很多种类型，我们要分类解决。审题不严的题目归一

类，让孩子下次做题的时候把重要条件圈出来；抄错答案的归一类，让孩子在草稿纸上分块算题，在答案旁边标上题目的序号；等等。

## 家长反馈

无敌小兔

谢谢张老师的点拨，您的方法太好用了，我家孩子现在细心多了。

您客气了，那您是怎么帮孩子把粗心的毛病改过来的？

张老师

无敌小兔

我刚开始也只是提醒孩子要细心一点，想让孩子自己主动改过来，但是孩子根本就做不到，该粗心的地方还是粗心。后来我就学习您的方法，跟孩子一起检查作业，帮他把粗心的错误进行分类，然后再跟孩子一起有针对性地解决。看错的题目归成一类，提醒孩子下次审题要仔细；算错的题目归成一类，提醒孩子下次要验算。我平时也总引导孩子观察生活中的小细节，让孩子先养成细心的习惯。

您这样的做法很正确，细心是需要养成的，我相信孩子以后肯定不会再那么马虎了。

张老师

# 孩子上课总是走神怎么办

青春专辑

张老师您好，我家孩子上课老走神该怎么办？

孩子走神具体有哪些表现呢？

张老师

青春专辑

我儿子现在 10 岁，他平时很难集中注意力，上课的时候也一样。我每次问他老师上课讲了什么，他都说不清楚。后来老师也找我来反映，说我家孩子上课特别爱走神，总是在下面做小动作。老师点他回答问题，他都不知道课本讲到哪一页了。

这个阶段的孩子确实容易注意力不集中，您后来是怎么做的？

张老师

青春专辑

我也不能去课堂上看着他上课，只能多叮嘱他，或者拜托老师多叫他起来回答问题。但我知道，老师的精力也有限，不可能时时刻刻看着他。我想让孩子注意力集中一点，您有什么好办法吗？

**张老师看问题**

孩子上课的时候东摸摸、西动动，总是在走神，导致他很多课堂知识都没有学进去。有时老师也会跟家长反映这些问题。我们很是苦恼，总不能亲自去盯着孩子上课，所以我们就得找出孩子容易走神的原因，再针对性解决问题。下面是我分析出来的几个原因。

### ▶ 1. 孩子现阶段注意力稳定的时间有限

孩子的注意力发展水平是在变化的，而且跟孩子的年龄有一定的关系。通常，学龄前孩子的注意力大概可以维持 5 ～ 15 分钟；低年级孩子的注意力可以维持 15 ～ 20 分钟；高年级孩子的注意力则可以维持 30 分钟左右。可以说，孩子本身在课堂上就很难整节课都全神贯注，偶尔走神也是正常现象。

### ▶ 2. 课程的难度跟孩子的水平不匹配

**（1）课程太难**

有些知识是孩子第一次接触的内容，孩子不容易消化；或者孩子本身基础就不好，觉得课程的难度太大，理解起来很困难。在这样的情况下，孩子脑力的消耗会非常迅速，后面跟不上老师讲课的速度，就很容易走神。

**（2）课程太简单**

如果老师讲的知识点是孩子已经掌握的，或者是新知识，但孩子很容易就能掌握，那么他们就会把自己的注意力分配到值得思考的地方，从而很难再把注意力集中到课堂上。

### ▶ 3. 孩子的想象力太丰富

孩子正是想象力丰富的时候，脑子里都是天马行空的想象。他们有时候上着课就会开始在自己的脑袋里编故事。有时老师讲了一些有趣的事情，或者孩子突然想到一些有意思的东西，他们就会发挥自己的想象力，最后难以把注意力集中到老师讲的知识上。

 ## 张老师的落地方案

孩子上课容易走神，主要还是因为孩子很难保持长时间的专注。下面我给出了三种训练孩子专注力的方法，家长们可以参考一下。

### 1. 利用番茄时钟

让孩子先练习保持短时间的专注，利用 25 分钟的番茄时钟，让孩子清晰地知道大概需要多长时间来做某件事情。孩子做到短时间的专注后可给予孩子一定的奖励，促使孩子养成短时间专注的习惯。

我们还要观察孩子的状态。如果孩子的专注时间变长了，我们要慢慢增加番茄时钟的工作时长，从 25 分钟增加到 30 分钟，并逐步增加到一节课的时间。

### 2. 每次只做一件事

孩子的注意力水平没办法让孩子专注于一次干好几件事，所以每次训练孩子专注力的时候，只让孩子做一件事情。如果事情比较难且费时，我们可以进行拆分，让孩子一点一点做。

比如，如果需要孩子完成家庭作业，我们就让孩子一项一项完成。又比如，数学需要完成两页计算题，我们就让孩子先专注完成一页，之后再专注做下一页。

### 3. 从做有趣的事情开始

用有趣的事情培养孩子的专注力，先让孩子养成专注的习惯。我们可以用内容有趣的活动调动孩子的积极性，比如各种手工活动（搭建一个积木城堡、编一个草帽、做一个陶艺作品等），让孩子在这些有趣的活动中找到专注的感觉，并把这种感觉迁移到学习中去。

 **家长反馈**

青春专辑

张老师，我很喜欢您的方法，还挺有用的。

谢谢您的肯定，现在孩子的专注力怎么样？

张老师

青春专辑

现在孩子的专注力好多了，他上课不会像之前那样总走神了。我知道，我家孩子年龄还小，可能注意力就是没办法集中很长时间。所以，我就学着张老师的方法，每次只让孩子集中于一件小事，慢慢训练他的专注力。孩子看书的时候我会设定 25 分钟的倒计时，要求孩子在短时间内保持专注。后来他逐渐能保持一段时间的专注力，不走神了。平时我也会经常带他玩一些需要注意力的游戏，比如拼图、填色等。

您做得很好！慢慢来，孩子的专注力之后肯定会慢慢提升。

张老师

# 孩子一到考试就紧张怎么办

3467C

老师，您现在有空吗？我想请教您一个问题。

有，您请讲。

张老师

3467C

我的女儿今年上小学四年级了，日常小测验的成绩还是比较好的。但由于她的心理素质较差，性格内向，只要一遇到类似期中、期末这样的大考，成绩就会一落千丈。她经常考出让老师都大跌眼镜的分数，自己更是因为这样的成绩常常产生焦虑情绪。眼看又临近期末考试了，您说她该如何是好呀？

您之前有没有在考试前帮孩子做些什么呢？

张老师

3467C

这个倒是没有，主要是我们也帮不上什么忙，最多也就是对孩子说上一句"不要紧张，妈妈为你加油"。其余的事情，我也不知道该做些什么了。

**张老师看问题**

在生活中，有类似问题的孩子并不少见。这些孩子无论是平日在家自我检测，还是进行课堂小测验，取得的成绩都比较不错。可一旦面临类似期中、期末的重大考试时，他们紧张的情绪就难以自控，考出的成绩自然会大受影响。如果不是因基础知识不够牢固，那很可能是由于没有强大的心理素质造成的。

我觉得孩子之所以出现这种现象，大概有以下几个原因。

### ▶ 1. 孩子在考试前准备不够充分，害怕考不好

我曾听到一位妈妈这样阐述：她的孩子无论是平时学习还是考试前都很贪玩，结果等到重大考试来临的那天，便会因为准备得不够充分而十分紧张。这种情况是由于孩子平时的努力程度不够，面对考试时没有足够的自信而出现的。

### ▶ 2. 孩子太要强，担心达不到自己的理想成绩

那些有完美主义倾向的孩子，喜欢争强好胜，无论什么类型的考试都要求自己考到第一名或满分。他们无法接受自己的任何失误，面对挫折时心理承受能力不高。这种孩子是因为过分看中结果而情绪紧张，从而不能发挥出自己的真实水平。

### ▶ 3. 孩子担心考试成绩不佳会受到老师和父母的批评

有一些孩子身上充满了压力，而压力的来源主要是老师和家长。在学校有严师的教导，回家有严父严母的唠叨，只要成绩不好，这些孩子就会受到来自他们的严厉批评。因此，面对考试时，这些孩子自然就会因为害怕受到责备而情绪紧张。

**张老师的落地方案**

针对孩子一考试就紧张的问题，首先，父母要降低对孩子的期望，避免给他们增加额外的压力，这样孩子才能相对轻松地迎考。其次，我们要在平时帮助孩子做好对知识的巩固。在一些重要的考试之前，我们还可以教孩子一些简单实用的小技巧来缓解紧张的情绪，让孩子考出自己的真实水平。

### 1. 一分钟自我暗示法

父母可以帮助孩子用纸条写下几句含有自我暗示的语句，例如："我现在可以让自己的心情放松，在马上要进行的考试中也会取得好成绩。""我已做好充足的复习，一定可以取得优异的成绩。""这次考试就像平时的练兵，没必要过度紧张。"……通过这样的积极暗示，可以帮助孩子用一颗平常心来应对考试。

### 2. 一分钟深呼吸放松法

我们可以告诉孩子，如果下次在考试前感到紧张，可以找个安静的地方坐下来，闭上双眼，将双手分别搭在腹部和胸前，深深地将空气吸入肺部和腹部，直到腹部有膨胀感后，再均匀、缓慢地呼出，接下来重复多次以达到心情放松的效果。

### 3. 一分钟简易放松操法

一些简易的放松操也可以帮助孩子缓解紧张的情绪，例如进行几次原地伸展运动、用手掌拍打四肢，以及按照"虎口平击、手掌侧击、手腕互击、虎口交叉互击、十指交叉互击"的顺序，依次进行手部放松。孩子身体得到放松后，便能集中注意力进行考试。

## 家长反馈

**3467C**

张老师，采用了您的方法后，我女儿这次期末考试的时候果真没有那么紧张了。真的太谢谢您了！

客气了，孩子这次考试的成绩是不是也进步了？

张老师

**3467C**

确实是这样。就数学而言，这次考试足足比上一次多考了 16 分呢！其实我反思了一下，孩子一到考试就紧张，与我和她爸爸平时给了她较大的压力有关，于是这次在考试之前，我们就对她说："爸爸妈妈以前对你的要求有点严格了，这次就请你放松地去考试，即便有发挥不好的地方，我们绝对不会责备你。"另外，我们还让孩子在纸条上写了几句帮助自己放松的话带在身上，让她在考试前拿出来读几遍。

真是太好了！希望孩子可以继续保持轻松的心态面对今后的每一场考试。

张老师

# 孩子不想上学怎么办

梦中行

张老师，最近孩子总是说自己不想上学了、上学没意思之类的话。您说他是不是在学校遇到什么困难了？

哦？您有和孩子深入交流过他不想上学的原因吗？

张老师

梦中行

我有简单地问过孩子两句，孩子大概就是说不喜欢学校上课的内容，也不喜欢学校的老师和同学。但是我不知道他为什么对学校内的一切都这么反感。

孩子说不想上学有多久了呀？

张老师

梦中行

他最开始说自己不想上学还是两个月前，一开始就是偶尔抱怨几句。我们在他抱怨的时候批评了他，告诉他上学是学生应尽的义务。但是最近这两周孩子表现得越来越明显了，所以我们有点担心他的情况。您有什么能让他打起精神来上学的好办法吗？

**张老师看问题**

厌学心理在小学生中相当常见，大多数父母都曾听到过孩子抱怨说不想上学，并且无论父母再怎样好言相劝，孩子依旧提不起精神去上学。为了能让孩子以一种积极的心态进入学校，我先分析一下孩子厌学的原因。

▶ **1. 孩子在校内的人际关系不好**

也许是因为性格过于内敛或急躁而受到伙伴的孤立，也许是因为调皮而经常受到老师的批评，也许是因为出糗而受到同学的嘲笑……以上种种人际关系不佳的情况，都会让孩子对学校的生活产生厌烦的情绪。

▶ **2. 孩子学习压力大**

很多孩子并不喜欢课本上的知识，再加上自身的学习能力不够强，学习起来自然容易感到吃力。如果学校或父母又给了孩子较大的压力，这时将孩子上学时的心情比作"上刑场"的心情也不为过。

 **张老师的落地方案**

父母发现孩子出现了不想上学的情况时，一定不要逼迫孩子去学校，以免孩子做出更极端的逃学行为。我们可以试一试以下几种温和的方式，有效地帮助孩子缓解厌学情绪。

### ▶ 1. 平时多满足一下孩子内心的需求

父母在平时可以多满足一下孩子的小心愿，例如少给孩子一点训斥、多给一些零用钱等。一旦孩子在家时的心情变好了，他们内心整体的负面情绪也会减少，做任何事情的积极性都会更高一些。

### ▶ 2. 帮助孩子降低期待，并解决具体困难

从宏观的角度来说，孩子厌学就是因为孩子万万没想到上学会这么不快乐，而且这种不快乐来得还有点突然和猛烈，让他们一时有些接受不了。所以，父母一定要让孩子意识到人生就是苦乐参半。我们可以让孩子了解一下各种人一生中大起大落的故事，然后再告诉孩子："看了这么多种版本的人生后，我们就会发现：遇到困难真的是生活中再平常不过的事情了，没有一个人可以一直一帆风顺，所以，人生远远没有我们想象中的快乐。厌学情绪也并不是你一个人才有，世界上的每个人都会间歇性地想'摆烂'，甚至有些人目前遇到的难题比你目前遇到的还难好多倍呢。"孩子一旦接纳了自己的低谷期，负面情绪自然就会少很多。

为了帮助孩子更深刻地体会到人生的"苦乐参半"，我们也可以暂时"快进"一下孩子的人生，提前模拟孩子未来上班时的情景：在不打扰他人情况下，可以带孩子去参观一些工作场所，甚至还可以带孩子去自己的公司亲身体验一下自己的工作。这时孩子就会顿悟：上班后说不定压力更大，我还是好好上学吧。

在孩子渐渐看清了人生的真相后，我们就可以继续培养孩子抗挫的能力了："事实上，地球就是一所巨大的学校，每个人都是这所校园中的学生，我们遇到的困难就是各种'课程'，并且每位'学生'需要掌握的'课程'都是一模一样的，就相当于学校内统一的课程表，谁都不能逃避任何一节'课程'。所以一旦进入'课程'的话，如果想要早点'下课'，也就是迎来愉快顺利的生活，那就只能勇敢面对并尽早解决困难了。"

接下来，父母就可以针对孩子在学校遇到的具体困难对症下药了：如果是

因为人际关系而烦恼，那就应该提高孩子的交际能力；如果是因为学习而烦恼，那就帮助孩子从简单的学习任务入手，并树立孩子的信心……

 ## 家长反馈

梦中行

> 张老师，您真厉害！用了您的引导方法后，孩子现在都不怎么嚷嚷着不去上学了。

> 那真的太好了，孩子现在在学校是不是也比之前愉快一些了？

张老师

梦中行

> 确实是。之前孩子的性格比较闷，在班里几乎没有朋友，对课本上的内容也没有什么兴趣。后来我们帮助他解决了一些人际关系方面的烦恼，孩子就变得开朗一点了，还交到了一两个好朋友，一周前居然还被评选为小组长了！有了朋友的陪伴，孩子对上学的兴趣就提高了一些，这次考试也进步了四五名呢。

> 孩子的变化太大了！希望孩子可以交到更多的朋友，在学习上也能取得更大的进步。

张老师

# 孩子计算能力差怎么办

清微落

张老师，我女儿今年上三年级了，语文成绩从一年级开始到现在一直都挺好，但数学却是她的短板。而且她在做作业和考试中总是会出现计算方面的失误。您有什么好的解决方法吗？

孩子平时做数学作业时的状态如何呢？

张老师

清微落

状态很一般。孩子做数学作业时如果不在我们的视线范围内，就会有一些对付的心态在里面。

好的，我大概清楚了。还需要了解一下，您有没有让孩子在私下做一些数学练习题呀？

张老师

清微落

有，我们平时对于数学附加题的训练还是挺注重的，主要是希望她在升入高年级，数学难度加大后，仍然可以轻松地应对。

**张老师看问题**

很多家长对于孩子在数学方面的学习都会有这样的感受：明明这道题目没什么难度，却因为计算失误而失了分；一道计算题算了三遍后，出现了三种不同的答案；考试时最难的题目都答了出来，却掉进了计算题的"坑"中……以上种种现象都说明孩子的计算能力不强。如果想让孩子的计算能力有所提高，首先就一定要清楚，导致孩子在计算时频频出错的原因到底是什么。

▶ **1. 孩子在计算时注意力不集中**

如果孩子的逻辑思维不是很强，那么在完成数学题目的时候一定不会有快乐和顺利的感受，因此就会常常想着快点应付完、草草了事，甚至还会三心二意地边玩边写。

▶ **2. 孩子没有掌握有关计算的基础知识**

一些孩子对于计算方面的基础知识掌握得不够牢固，比如背错"乘法口诀"，记不住"加减乘除"的运算顺序，没有弄清分数、小数等的计算方法……这些情况必然会导致孩子在计算中频繁出错。

▶ **3. 孩子的计算习惯并不好**

部分孩子计算能力差是因为计算时的习惯不好，例如：计算前不会对结果进行估算，计算后也没有验算的习惯；书写笔迹凌乱潦草，导致经常看错自己写的数字；不愿使用草稿本，需要笔算时在桌子甚至手背上随意计算；等等。

**张老师的落地方案**

其实，无论是简单的计算题，还是高难度的附加题，在帮助孩子学习数学的过程中，我们应该尽量避免一些低效的苦练。这样的方法既耗时又容易让人感到枯燥，哪怕再勤奋地用这种方法去学习，进步也不是最快的。此外，我们还要明确：我们对数学学科原理的理解程度与我们的学习效率是成正比的。因此，深入地理解数学的原理才是最重要的。当孩子在寻求提高计算能力的方法时，父母可以参考以下几种方法来帮助孩子。

#### ▶ 1. 学会拆分和拼凑算式

我们可以灵活运用简便的方法来计算，也就是将各种算式拆分或拼凑成几段容易计算的部分。例如，在计算 $12 \times 13$ 时，我们可以对原式进行拆分，直接计算出 $(12 \times 10) + (12 \times 3)$ 的结果；在计算 $19 \times 15$ 时，可以对原式进行拼凑，计算出 $(20 \times 15) - (1 \times 15)$ 的结果。孩子掌握了这些方法，不仅可以快速地算出题目的得数，还可以降低计算的出错率。

#### ▶ 2. 养成估算和验算的习惯

教会孩子估算与验算，可以从一定程度上提高孩子计算的正确率，例如：在计算前，先将要用到的数字估看成与它最接近的"10"的倍数，再用得到的数字进行估算，并将估算结果与真实结果比对，若出现了较大偏差就要及时重新计算；在加法中，用计算出的"和"减去其中一个"加数"，看看结果是不是和另一个"加数"相等；在减法中，用"被减数"减去"差"，看看是否等于"减数"；等等。

#### ▶ 3. 背下一些常用的计算结果

在考试与作业中，总会出现一些类似于 $25 \times 4 = 100$、$125 \times 8 = 1000$ 等的常

用的计算，但如果每次遇到这些计算时都去笔算，实在是一件浪费时间的事情。我们可以帮助孩子对这些常用计算进行总结，并让孩子将这些结果熟背，这样既节约了时间，又避免了出错的可能性。

## 家长反馈

清微落

> 张老师，我一定要跟您反馈一下。在我教会了孩子您给出的这些计算方法后，孩子现在计算的正确率确实明显提高了！

张老师

> 孩子的学习能力真不赖啊！这次数学考试孩子还会因为计算失误而丢分吗？

清微落

> 这次考试真的没有了。孩子还跟我说自己之前做计算题时一直都是傻傻地计算，压根儿就没有意识到可以使用估算和简算等技巧来降低出错率。现在就连做数学作业的时候，他都比以前要快乐些了，甚至还后悔自己这么晚才发现这么好用的方法。真的很感谢您！

张老师

> 您不必客气！真为孩子感到高兴，同时也希望孩子可以在学习中收获更多的快乐！

# 孩子想当网红怎么办

一米阳光

张老师您好，我家孩子总是想当网红怎么办？

您好，您能跟我说说孩子平时是什么情况吗？是突然就想当网红了吗？

张老师

一米阳光

孩子喜欢跳舞，平时也会在网上看一些舞蹈视频，她对网上那些跳舞的网红特别向往。她觉得当网红可以边做自己喜欢的事情边赚钱，还不用上学，真的是太美好了，所以她就跑过来跟我说想要去当网红。我以为她是说着玩的，就没在意，结果第二天她就跟我闹着说不想去上学了。

那您是怎么跟她说的？

张老师

一米阳光

我就很生气啊，批评她现在是学习知识的时候，当网红根本就不是好出路。但是她不想听，每天都在研究怎么当上网红。我不知道怎么阻止她当网红了，您有什么好方法吗？

**张老师看问题**

很多孩子盲目追捧那些网红，甚至连自己的三观都被影响，学也不想上了，一心就只想当个网红，家长也不知道怎么劝。

到底孩子为什么那么热衷于当网红呢？我分析出了下面三个原因。

### ▶ 1. 网络信息的片面性

现在是网络化的时代，也是自媒体的时代，孩子可以从网络上接触到各种信息，网红就是其中之一。然而，网络只展现出了网红光鲜亮丽的一面，孩子也只能片面地看到这一面。

很多孩子的想法可能会是："这个人长得这么难看也能红吗？""他也没什么特别的呀？我也行。""不就是哗众取宠吗？凭什么他能赚这么多钱？"因为网红本质上就是普通人，孩子看见那些普通人也能轻轻松松赚大钱，认知产生偏差后，就会产生想当网红的想法。

### ▶ 2. 想让自己的才能得到更多人肯定

现在的社会包容度很高，很多不能被父母理解的爱好和技能都能在网络上得到肯定。孩子也是有表现欲的，他们拥有跳舞、绘画、唱歌、做手工等各种各样的技能，就想把自己的才能和作品发布到网络上，以得到更多人的认可和关注。

### ▶ 3. 赚钱多又快

孩子觉得辛苦地学习也不一定能赚很多钱，不如当网红，既能享受名人光环，还能快速赚钱。有了可观的收入，他就能买任何自己想要的东西，就能吃所有想吃的东西，就能想去哪里玩就去哪里玩。

张老师的落地方案

　　大部分想当网红的孩子都是因为不了解成功的网红背后需要付出的努力，那我们就要给孩子做正确的引导。下面我给出了三个方法，可以用来打消孩子当网红的想法。

▶ **1. 接纳孩子的想法**

　　不要反驳孩子，有的孩子越被家长否定就会越叛逆。我们先接纳孩子的想法，跟他一起研究怎么才能当网红。比如，给孩子分析需要学习什么样的技能才能得到别人的关注，每天工作多长时间才能有效果，怎么在那么多网红中脱颖而出。跟孩子说清楚利弊，让他明白网红也不是那么好当的。

▶ **2. 让孩子看到网红背后的付出**

　　给孩子看有关网红的纪录片或者访谈，让孩子了解网红工作的特性，以及他们每天需要付出多少努力。让孩子了解大部分网红的真实收入，以及市场竞争激烈的现状。要让孩子明白那些头部网红需要承受常人不能承受的压力，并不是任何人都能成为成功的网红。

▶ **3. 让孩子知难而退**

　　如果用语言没办法劝阻孩子，就让孩子用行动去尝试，然后知难而退。让孩子写出当网红的规划表，其中要包含他个人能力的评估、核心竞争力、发展方向、资金来源、预期目标等。很多孩子基本上就败在这第一步了。

　　如果孩子把自己的规划写明白了，就让他按照计划执行，但需要孩子把网红工作的日常汇报给父母。孩子没有社会经验，基本上解决不了上述问题。这样一来，孩子就会渐渐明白，网红也是一份需要认真对待的工作。

## 家长反馈

一米阳光

张老师，您的方法真的很有效果，我特地来跟您反馈，我家孩子已经放弃当网红了。

谢谢您的肯定，请说说您是怎么做的吧。

张老师

一米阳光

我听孩子说要去当网红的时候，血压都升高了，但是转念一想，孩子可能只是"三分钟热度"，根本不知道当一个成功的网红需要付出多少努力。我先是肯定孩子想当网红的愿望，然后带孩子看了看真正的网红是怎么工作的，以及一些普通网红的日常。这些网红拿着微薄的收入，起早贪黑，经常为了一个选题费尽心思。她虽然有些动摇，但还是想试试，我就让她自己运营自己的账号，果然不到一个礼拜就放弃了。

孩子之前就是意气用事，现在看清楚现实后就不会再尝试当网红了。希望孩子之后能专心学习。

张老师

# 孩子讨厌数学老师怎么办

香草暮光

张老师，我最近遇到了一个挺头疼的问题，想请教您一下。我儿子十分不喜欢他的数学老师，我真怕他会因为这件事情连学数学的兴趣都没有了。我们应该怎样开导他呢？

请问孩子不喜欢数学老师的具体表现有哪些呢？

张老师

香草暮光

孩子总是跟我说数学老师脾气不好，只要一上课就会批评学生，还说老师布置的作业也很多，多到写不完。不过我知道孩子的话是有很多的水分在里面的。

好的，那孩子现在的数学成绩如何呀？

张老师

香草暮光

孩子对数学还是有一点兴趣的，所以这科的成绩可以排在班里的中上游，但就怕以后他会因为不喜欢数学老师而不喜欢学数学。

**张老师看问题**

孩子年龄虽小，但对喜好的感知却不输成年人。我常听身边的一位妈妈向我反馈：自己的孩子一回家后就开始抱怨某位老师，觉得老师这里不好、那里也不行。在孩子夸张的评价下，老师仿佛一文不值。其实，孩子讨厌某位老师的原因往往有以下几点。

▶ **1. 孩子曾受到过这位老师的批评**

孩子年少懵懂，有时难免会在学校里犯错。如果老师针对孩子的错误给予了过分的指责，那么大概率就会伤及孩子的自尊心。这时，孩子对老师产生的厌烦心理也就不难理解了。

▶ **2. 孩子听了父母对老师的误判**

在不了解事情的真实情况时，父母有时会根据孩子片面的描述，对老师的人品进行有意或无意的评判。如果这些评判是不属实的，就会让没有判断能力的孩子对老师产生成见。

▶ **3. 老师的教育方法确实存在不足**

有的老师在教育方法上确实存在一些不足，例如常常拖堂、明显偏爱成绩优异的孩子、喜欢带着情绪去授课等，这些情况都容易引起孩子的不满。

 **张老师的落地方案**

一旦发现孩子对某位老师产生了厌烦心理，就要及时进行正确的教育与引导，千万不要站在老师的立场上，说一些"老师没有恶意，都是为了你好"之类的话，以免加重孩子对老师的厌烦情绪，进而影响到学习成绩。那么，究竟怎样才能改善孩子讨厌老师的情况呢？下面我将为大家提供几种好用的方法。

### ▶ 1. 引导孩子宽容和自省

父母要多与孩子进行共情式沟通，以便缓和其激动的情绪："其实世界上的每一个人都有过讨厌别人的经历，所以我们能理解你的心情。"但请不要助长孩子对老师的攻击性情绪，以免加深师生之间的矛盾。

当孩子问到为什么不能讨厌老师时，我们可以继续对孩子说："事实上，我们的宇宙是一个'种什么得什么'的公平的宇宙：如果付出了正能量，那就会收获快乐；如果付出了负能量，那就会得到难过。所以，如果我们和老师之间相处得有些不愉快的话，其实不仅是老师有不对的地方，我们自己也会有一定的问题。那么，我们能做的就只有回想一下，自己在哪一方面做得不太好。不过，正是因为我们通常找不到自己的问题，所以才会总是生别人的气。但是，我们一旦发现了在这次发生的不愉快中，我们也有一定的责任后，就会很自然地生出一颗理解与包容的心，对老师的厌烦情绪也会烟消云散了。"如果愿意的话，父母也可以帮助孩子挖掘一下老师的闪光点，让孩子学会从他人身上取长补短。

### ▶ 2. 通过"角色扮演"帮助孩子换位思考

如果孩子还是不能很好地理解老师，父母也可以和孩子玩一些"角色扮演"的游戏，让孩子作为"老师"，给扮成"调皮学生"的父母"讲课"，让孩子学会换位思考，亲身体会到老师教书育人的不易。

### ▶ 3. 父母要以身作则

我们也可以好好地想一想，如果自己平时也喜欢在不经意间流露出对别人厌烦的情绪，一定要记得及时改正，减少负面情绪与语言的输出。久而久之，孩子就会意识到喜欢生气是不好的。

 ## 家长反馈

香草暮光

> 张老师，必须和您分享一下：我儿子之前很讨厌他的数学老师，在您的帮助下，他已经有了一些较大的改变，现在连上数学课都比以前积极了。

> 哈哈，那真的不错。孩子现在对老师的看法如何啊？

张老师

香草暮光

> 现在孩子有些理解老师了，觉得老师还是很认真负责的。之前是因为孩子比较调皮，总喜欢打断老师的话，因此曾在课堂上受过老师几次严厉的批评。但是孩子却觉得自己是在活跃课堂的气氛，并没有什么错。当我们帮助他换位思考找到了自身的问题后，他才慢慢意识到，自己在课上随意打断老师的话确实是一种不尊重师长的行为，于是此后孩子对老师的负面情绪就减少了很多。真是太感谢您了！

> 您太客气了，孩子的进步就是我们最好的礼物！

张老师

# 孩子偏科严重怎么办

柠檬栀子

老师，我家孩子偏科实在是太严重了，并且无论我们怎么教育他要均衡发展都没有用。您有什么好办法吗？

可以具体说说孩子的偏科情况吗？

张老师

柠檬栀子

孩子很喜欢数学，所以每次数学成绩都能排在班里前三名。但是他在学习英语和语文时的态度马上就一百八十度大转变了，让他多学一分钟都觉得痛不欲生，所以他这两科的成绩在班里基本都是垫底。

您有帮助孩子学习过英语和语文吗？

张老师

柠檬栀子

我们给他报了英语和语文的辅导班，不过孩子好像对这两门学科更反感了，一到该去上辅导班的日子就哭丧着脸。但是因为我和他爸爸平时管教比较严格，所以他也不太敢反抗。

张老师看问题

面对新鲜出炉的考试成绩，总会有一些父母的心情像坐了过山车一样：看到孩子强势学科的成绩时笑逐颜开，可一转眼又看到了孩子弱势学科的分数，顿时怒火中烧。很多父母面对这样让人哭笑不得的成绩单表示无可奈何。其实，孩子偏科的原因无外乎以下几个。

### 1. 孩子对部分学科没有学习兴趣

有的孩子对待学业的态度较为随性，在自己感兴趣的学科上会很用心，但面对自己不喜欢的学科时却不愿意投入任何精力。比如，有的孩子在学习数学时拥有十足的兴趣，但面对不喜欢的英语时，就经常抱着得过且过的态度。

### 2. 孩子不喜欢某一学科或某一学科的老师

孩子如果厌烦某一学科的老师，或是不喜欢某位老师的讲课方式，就容易在上课时无视老师的授课内容。有一位母亲曾向我提起过，她的女儿因为对英语老师枯燥乏味的授课方式提不起任何兴趣，常常在英语课上做语文作业。

### 3. 孩子在学习弱势学科上存在困难

每个孩子擅长的领域都有些许差异，比如有的孩子天生逻辑思维不强，对于理科的学习就显得吃力。这时，孩子在面对数学、物理等学科时，就不容易取得良好的成绩。

### 4. 孩子学业压力大，无法兼顾所有学科

有些孩子感到学业压力比较大，无法做到兼顾每一学科，因此自然会做出相应的取舍，久而久之，便造成偏科的情况。

## 张老师的落地方案

当家长发现孩子严重偏科时，请不要进行过度的批评与指责，以免加深孩子对弱势学科的厌倦心理。在搞清原因后，我们可以采用以下方法对症下药。

### ▶ 1. 降低对孩子的不合理期待

父母们首先要清楚这一点：我们擅长一门学科，是因为我们很擅长这门学科背后的原理所对应的思维，所以学起来才会觉得轻松愉快，也容易取得引人瞩目的好成绩，才会喜欢这门学科。因此，偏科本质上是因为孩子的某一思维并不发达。那么我们就懂了，想要让孩子迅速爱上一门学科，就等于想迅速改变孩子的思维，然而能做到这一点的概率却很小，我们应该给予孩子更多的耐心。

在教育孩子的过程中，我们要遵循"扬长避短"的原则。如果孩子确实没有足够的意愿和精力兼顾每一学科，我们也不要急于求成，暂时让孩子成为"单科状元"也是不错的选择。等到孩子整体的认知能力有了一定的提升后，我们再让他回过头来去弥补某些短板思维，继而朝着全面发展的目标迈进。

### ▶ 2. 将弱势学科与爱好融合，寓教于乐

如果孩子愿意弥补自己的弱势学科，我们也可以通过寓教于乐的方式来帮助孩子树立学科信心：针对英语成绩差，但喜欢看电影或漫画的孩子，我们可以为其挑选一些英文版本的电影或漫画书；针对喜欢打游戏，但数学成绩一塌糊涂的孩子，我们可以下载几个与数学相关的小游戏供孩子在娱乐中学习……通过类似的方式将孩子的弱势学科与爱好进行融合，便可激发孩子的学习兴趣。

## 家长反馈

柠檬栀子

张老师，我儿子居然在这次英语单词测验中得"优"了，这是他第一次考这么好！

孩子进步好明显啊！现在孩子对英语的兴趣有所提高了吗？

张老师

柠檬栀子

必须有！之前孩子一背单词就满面愁容，但是他很爱看电影，因此我们就让他看了很多有意思的英文电影。后来孩子发现，英语似乎也没有他想象中的那么难。遇到了喜欢的角色，他甚至还愿意去记忆对方台词里的单词。孩子还告诉我们，其实英语这门语言还是有一些意思的，以后还打算出国旅游，所以现在要好好地学习英语。

太棒了！希望孩子再接再厉，向着成为英语学霸的目标迈进！

张老师

# 孩子说脏话怎么办

手可摘星辰

张老师，我家孩子居然学会了说脏话。我又震惊又气愤，您说我该怎么办？

他是什么时候学会说脏话的？

张老师

手可摘星辰

就是最近，他今年才 9 岁，不知道在哪里学的脏话。某天回家的时候，孩子不小心把东西掉到了地上，然后脏话脱口而出。我都震惊了，当场就把孩子教训了一顿，非常严厉地告诉他这类脏话是不能讲的，非常不礼貌。他一直点头，表示以后再也不说了。

那后来他改正过来了吗？

张老师

手可摘星辰

根本改不过来，我说的话他只当耳旁风，他还是时不时蹦出脏话来，而且会的词越来越多了。我真的不知道该怎么做了。张老师，您帮帮我吧，看看有什么办法。

**张老师看问题**

曾经父母眼里的乖宝宝突然开始说脏话，父母听到之后可能会感到吃惊，同时也会感到疑惑：为什么我的孩子会说脏话？这些难听的话他都是从哪里学来的？为什么我的好孩子突然变成坏孩子了？说脏话这件事可大可小，先听我来给大家分析一下原因。

### ▣ 1. 孩子在无意识地模仿

孩子最喜欢有样学样了，模仿能力也比较强。很多孩子其实并不知道那些脏话是什么意思，也不知道说脏话会带来什么影响，听别人经常说，自己也想赶一赶"潮流"。他们模仿的对象可能是出现在电视、电影或者网络平台上的人，也可能是周围的同学、朋友，甚至有可能是无意识地蹦出两句脏话的家长。

### ▣ 2. 孩子想通过语言宣泄情绪

成年人情绪爆发的时候都有可能会口不择言，孩子也一样。而且，孩子对于情绪的掌控没有那么成熟，当他们压力太大，或者处于不满、愤怒的情绪中时，为了快速把情绪释放出去，就会选择最直接和最容易的方法——说脏话。

### ▣ 3. 孩子认为说脏话是"有用的"

#### （1）上小学之前的孩子，会经历"诅咒敏感期"

刚熟悉语言不久的孩子会经历"诅咒敏感期"，他们会发现自己的语言是有力量的，那些脏话会像小刀一样，让别人产生强烈的反应。而这些脏话之中，最能刺激别人的语言往往是诅咒，比如"去死""打死你"等，于是孩子用起来便会乐此不疲。

**（2）上学之后的孩子，认为说脏话能保护自己**

孩子在学校里不想被别人欺负，当他们发现把脏话说出口之后再也没有人来招惹他们，就会认为他们找到了好的工具。脏话由此变成他们武装自己的武器，变成他们自信的来源，变成他们力量的组成部分。

 **张老师的落地方案**

说脏话绝对是一个不好的习惯，但家长强硬地制止可能会引起反作用。我给出了以下几个方法，希望可以解决家长们的烦恼。

**▣ 1. 分年龄段处理孩子的脏话问题**

**（1）学龄前的孩子，要冷处理**

这个阶段的孩子只是觉得脏话有趣，父母任何过度的反应对于孩子来说都是一种强化，所以家长们一定要冷处理。当孩子发现说脏话周围人都没有反应时，他们渐渐就会对说脏话失去兴趣。

如果孩子没有减少说脏话的频率，家长可以采取"冷处罚"的方法：不要生气，也不要给孩子讲道理，直接让孩子罚站或者面壁思过，让孩子明白讲脏话是会带来不好的后果的。

**（2）学龄期的孩子，要及时制止**

上学后的孩子基本能明白脏话大致代表什么意思，这个时候如果孩子还继续说脏话，家长要及时制止和纠正，让孩子明白语言是会伤害人的。家长可以以自己为例，告诉孩子，父母听到这样的话是会伤心难过的，别人听到他的脏话则会生气。当孩子改正过来的时候，家长要给予鼓励和奖励，让孩子得到正面的反馈。

### ▣ 2. 让孩子当"脏话监督员"

有时候孩子会认为讲脏话没什么大不了的，别人都在讲，为什么他不能讲。家长此时要告诉孩子讲脏话是不礼貌的行为，大家都不喜欢。下次别人讲脏话的时候，让孩子作为"监督员"去纠正别人的行为。孩子感觉身上肩负了责任，既可以改正坏毛病，还可以让他有成就感。

### ▣ 3. 教孩子用合适的语言表达自己的想法

告诉孩子说脏话不能表达自己的真实想法，也不是好的沟通方式，想要什么，都要用合适的语言表达出来。

如果孩子想引起别人的注意，就让孩子直接说出自己的需求，比如让父母、朋友陪他玩，不要养成用脏话"吸睛"的习惯。如果孩子想表达生气，就让孩子说出来生气的理由，找到解决办法，而不是用脏话骂人。

## 家长反馈

手可摘星辰

张老师，我真的很感谢您！我已经用您的方法把我家孩子说脏话的坏习惯纠正过来了。

谢谢夸奖，您是怎么纠正的呢？方便分享一下吗？

张老师

手可摘星辰

我是一个很讨厌别人说脏话的人，从来没想到有一天我能从我儿子的嘴里听到不堪入耳的脏话。我当时就差点打他了。但是我为了让他真正地把这个毛病改掉，还是忍住了。我仔细问了他，他其实不知道这些脏话有什么含义，就是觉得说脏话让自己看起来很酷、很不好惹。我就告诉他说脏话会有什么后果，让他去监督别人不要说脏话。他自从当上这个小"监督员"之后就很少说脏话了，也让他周围的人都变得更有礼貌了。

这是很好的转变，希望孩子以后能够杜绝脏话。

张老师

# 孩子追星太疯狂怎么办

小丽妈妈

张老师，我来咨询一下：我家孩子追星追得太疯狂了，我该怎么引导啊？

您好，孩子追星大概有什么表现呢？

张老师

小丽妈妈

她为了追星，投入了太多的时间和金钱，这已经严重影响到了她的学习。她平时看看明星，收集一些照片和海报也就算了，毕竟我们年轻的时候也喜欢过明星，都懂。但她现在明显已经"上头"了，除了买与明星相关的东西，还要给明星做各种数据，简直是茶饭不思。

那您有采取什么措施阻止孩子追星吗？

张老师

小丽妈妈

我很严肃地教训了她，让她以学习为主，可她完全把我的话当耳旁风。后来我把她的手机给收了，她就不干了，跟我大吵大闹，最后我只能把手机还给她。您说我该怎么办？您帮我想想方法吧。

张老师看问题

　　孩子的房间里摆满了与明星相关的东西，有海报、抱枕和各种明信片。他们每天都捧着手机刷各种有关明星的新闻和资讯，甚至已经到了茶饭不思的地步。父母也尝试劝过，有时以为孩子会有所收敛，没想到孩子仍在偷偷追星。孩子如此疯狂地追星到底有什么原因呢？我总结出了下面四个。

### ▶ 1. 追求理想的自我

　　孩子处在形成自我的阶段，他们在追星的同时，也是在追求理想的自我。明星身上那些美好的品质、才华、外表等都是他们追求的东西。甚至可以说，明星已经变成了某些孩子自我的组成部分，所以他们才会那么卖力地去追星。

### ▶ 2. 盲目从众

　　现在很多孩子都在追星，他们在课间也都会谈论这些话题。孩子看见同学们都在追星，就会觉得如果自己不追星会不会很难融入进去。孩子渴望得到同伴的认可，就会在从众心理的促使下尝试去追星。

### ▶ 3. 受到小团体的鼓动

　　追星族当中有"饭圈"的存在，这是追星的粉丝们组成的一个小团体。这样的小团体让孩子产生了归属感，他们会为了保证自己追逐的偶像的热度而进行一系列活动，有时候是投票，有时候是为自己的偶像对抗舆论。这种"共同战斗"的氛围对孩子来说具有很大的鼓动性，很容易让孩子丧失理智。

### ▶ 4. 逃离现实

　　很多偶像活动其实就是在"贩卖美好"，它们给孩子塑造出一种完美的氛围，让孩子体验不一样的偶像养成感。孩子为了逃避现实生活中的烦恼，会让自己完全沉浸在偶像的世界中。

 ## 张老师的落地方案

孩子追星的行为其实很常见，重要的是父母该怎么引导孩子有节制地正确追星。我总结出了下面三个方法。

### ▶ 1. 在引导孩子之前，先获得孩子的信任

不要一上来就否定孩子追星的行为。孩子对自己喜欢的明星是非常维护的，如果一上来就否定孩子，无论我们说什么，孩子都听不进去。

我们可以先分享自己年轻时追星的经历，分享孩子不知道的事情，跟孩子产生共鸣，获取孩子的信任，之后再引导孩子树立正确的追星观念。

### ▶ 2. 引导孩子获取偶像身上的正能量

追星其实是具有两面性的，一面会让孩子沉迷在虚幻的关系当中，另一面可以让孩子感受到偶像身上的闪光点。我们要引导孩子学习偶像身上积极的一面，比如成功背后的努力、业界一流的业务能力、待人接物的社交能力。不能让孩子停留在偶像流光溢彩的表面，而要带着孩子挖掘偶像身上的正能量，并让孩子去学习。

### ▶ 3. 给孩子设置追星的底线

追星是正常的现象，但孩子追星的行为应该保持在一个正常的范围内。我们要允许孩子追星，但也要给孩子立下规矩，让孩子遵守相应的规则，比如不能牺牲自己的身体健康熬夜追星，不能花费超出承受能力之外的金钱，等等。

**家长反馈**

小丽妈妈

张老师，您真厉害，您的方法真的很不错！我家孩子现在追星已经理智了很多，谢谢您！

不用谢，我也希望能帮到孩子。孩子现在追星应该不会像以前那样总是熬夜了吧？

张老师

小丽妈妈

不会了。她以前真的是熬夜给喜欢的明星剪视频、做数据，这就导致她每天上课都没精神，知识都没学进去多少。我知道后也没有强硬地阻止她追星，反而很支持她，但是给她定下追星的规矩，就是不许牺牲自己的休息和学习的时间。有我的积极支持，她很开心，也愿意听我的话。

凡事都要把握好一个度，有父母在旁边正确引导，我相信您的孩子之后花在追星上的精力会更少。

张老师

# 孩子总说谎话怎么办

小果妈

张老师，我家孩子总是说谎，我该怎么好好引导她呢？

孩子平时都是怎么撒谎的呢？

张老师

小果妈

她现在才读四年级，嘴里就没有一句实话。有一次家里的花瓶碎了，我就问她是不是她干的。我也没想责怪她，但她一口咬定花瓶是自己倒的。我在厨房明明看见是她碰倒的。后来我还发现她经常用学校要交钱的借口从我这里拿钱，这还是我跟其他孩子的妈妈交流之后才知道的，根本就没有那么多费用要交。

那您后来是怎么做的？惩罚孩子了吗？

张老师

小果妈

我知道她撒谎之后肯定教训她了，但是她就是屡教不改。我真的害怕孩子撒谎成性。张老师，您给我支几个招儿吧。

张老师看问题

我们在教育孩子的时候肯定对孩子说过做人要诚实，但孩子还是照样撒谎。有的家长不免有些担心："孩子张嘴就是谎话，长大后该怎么办？"其实我们大人偶尔也会撒个小谎，孩子肯定也会撒谎，我们先不要这么早给孩子贴上"爱撒谎"的标签。我来分析一下孩子撒谎背后的原因。

#### ▶ 1. 无意识撒谎

孩子年龄比较小的时候，对于各种事情记忆得不太准确，回忆的时候就会用想象力把空缺的地方补充完整，所以无意识地撒谎是正常的现象。孩子把谎话说得信誓旦旦，就是因为那些谎话在他的眼里都是事实。

#### ▶ 2. 趋利避害的本能

孩子把自己放在第一位，会尽可能地让事情朝着对自己有利的方向发展。在孩子的认知里，只要自己能得到好处，说谎也是必要的。

**（1）想得到认可**

孩子发现对父母吹嘘自己的能力可以得到父母的赞扬，对同伴撒谎可以得到同伴的崇拜，于是便习惯于夸大其词。比如，孩子想在别人面前出风头，就谎称自己能做别人做不到的事情。孩子为了让自己更加合群，也为了让自己得到更多的关注，就会选择用撒谎来满足自己的社交需求，从而得到更多认可。

**（2）想逃避惩罚**

当孩子做错了事情，或者没有达到父母的要求时，孩子为了逃避父母的指责和惩罚，会选择用谎言来隐瞒事实或者推卸责任。比如，孩子考试考砸了，不想被父母责怪，就谎报自己的成绩。

### （3）想达成某种目的

孩子为了满足自己的物质欲望而撒谎，比如想要钱买玩具，就谎称要买学习资料，向父母要钱。有的孩子还会为了帮助同学或朋友达成某种目的而撒谎，比如帮别人打掩护、给别人准备惊喜等。

 **张老师的落地方案**

孩子说谎话的理由很多，我们到底该怎么做才能让孩子少说点谎话呢？我总结出了下面三个方法。

#### ▶ 1. 与孩子建立互相信任的关系

孩子在被尊重、被信赖的情况下，会有足够的安全感，也就不会在犯错之后慌乱撒谎，因为他知道父母会给出合理的解决方案。

所以，在我们知道孩子撒谎之后，不要恐吓孩子，而要让孩子在有安全感的环境下坦白自己的错误。比如，我们知道孩子撒谎了，看出了孩子的慌张，但不要马上揭穿，而是在孩子洗完澡放松的时候，把孩子带到房间里，认真告诉孩子自己会接受他的坦白。

#### ▶ 2. 区别对待孩子不同的谎言

如果孩子说的是无伤大雅的谎言或善意的谎言，我们可以选择忽略，或者在孩子讲这些谎言的时候，告诉孩子这些谎话偶尔可以说说，但是不能经常用它欺骗别人。

如果孩子有严重的欺骗行为，我们就要让孩子知道撒谎是要付出代价的，给孩子一定程度上的惩罚，比如写检讨、减少娱乐时间、做家务等。

### ▶ 3. 对孩子诚实的行为进行鼓励

当孩子知道说真话并没有那么可怕的时候，正向的反馈会让孩子频繁说谎话的行为逐渐减少。所以，我们要鼓励孩子说实话。如果孩子知错就改，愿意把真话说出来，我们要表达对孩子的欣赏。

 ## 家长反馈

小果妈

> 张老师您好，我真的很感谢您！您的方法很有效果，我家孩子现在已经在慢慢改正说谎的毛病了。

> 不用谢，您是怎么帮他改正的？分享一下吧。

张老师

小果妈

> 我家孩子之前真的是谎话张口就来，很喜欢在我面前编瞎话。我真的很不喜欢她不诚实的样子，严厉地教训了她好几次，但发现也没什么用。后来我知道她原来是怕我生气，所以犯了错只能用谎话来骗我。我就跟她说，不诚实比犯错更可怕，我只有知道她的错误才能帮她想弥补的办法。我总是鼓励她诚实，她慢慢也知道说真话对自己有好处，就逐渐不撒谎了。

> 我很替孩子高兴，我相信她能成为一个真实又真诚的好孩子。

张老师

# 孩子动不动就离家出走怎么办

天天开心

张老师，我家孩子动不动就离家出走，有一次差一点就找不到了。我到现在都心有余悸，您说我该怎么管？

那次是发生什么事了吗？

张老师

天天开心

其实也没什么大事，就是孩子想要买玩具，但是我不答应。正好孩子的期中考试成绩出来了，我还批评了他一顿。谁知道他这么想不开，在我出去买菜的时候就溜走了。全家人一起找他找到了半夜，还报了警，最后还是警察在一辆大巴上找到了他——他差点就跑出了省。

这确实有点严重了。您最后是怎么处理的？

张老师

天天开心

我把他带回了家，还警告他不许再乱跑了。这孩子还是不服气，说下次还要离家出走。我真不知道该怎么办了，请张老师给点建议吧。

张老师看问题

　　大部分孩子都会有离家出走的"前科"，包括我们小时候也少不了跟父母对着干。但现在离家出走的对象变成了自己家的孩子，我们就开始头疼了，生怕哪天没注意，孩子就从眼皮子底下溜走。为什么孩子频频想离家出走呢？我们一起来找找背后的原因吧。

### ▶ 1. 做错了事，害怕被父母责骂和惩罚

　　孩子犯了错，很有可能会习惯性逃避。有些父母对孩子的要求过于严格，对于孩子犯错的处理方式只有打和骂。由于孩子承受能力差，他们害怕父母的责骂和惩罚，而且不知道该怎么面对自己的错误，也缺乏自我反省的能力，于是就只能带着自己的错误离家出走。

### ▶ 2. 跟父母产生了矛盾

　　孩子跟父母之间有矛盾是很正常的事情，但是如果没有解决，反而日积月累，就会变成孩子身上巨大的压力。父母不理解孩子除了学习还有什么烦恼，孩子也不理解父母为什么只在乎自己的成绩。最后，孩子只好选择用离家出走的方式来逃避或者逼父母妥协。

### ▶ 3. 父母管得太多

　　有些父母把孩子当成是自己的所有物，期望孩子能够朝着自己所想的方向发展，他们对孩子的管束极为严格，却忽略了孩子自己的想法。

　　比如，他们会翻孩子的日记本，给孩子布置各种额外的作业和报多个兴趣班，全方位无死角地监督孩子学习，甚至亲自接送孩子上下学，让孩子完全失去自己的空间。这样专制的管束会让孩子感到窒息，促使他们产生离家出走的想法。

**张老师的落地方案**

离家出走不是小事，父母要尽量用柔和的手段去解决。下面是我给出的几点建议，父母们可以试试看。

### ▶ 1. 同意孩子"离家出走"

有的孩子总是说气话，父母这个时候不要跟孩子逆着来，可以同意孩子"离家出走"。但这里的"离家出走"不是说让孩子在外面随便乱走，而是跟孩子沟通，把孩子送到亲戚朋友家住一段时间，给孩子冷静的机会。

在此期间，我们不要急着去逼迫孩子，时不时确认一下孩子的安全就行。等孩子自己想明白了，他自然就会回来。

### ▶ 2. 调节家庭氛围

孩子渴望生活在轻松和谐的家庭氛围当中，我们要极力创造这样的家庭环境。当孩子犯错误的时候，我们不应该如临大敌，揪着孩子的错误不放，而应该理性看待孩子的错误，引导孩子解决问题。我们要让孩子感受到关心和关爱，而不是莫名其妙的愤怒。

### ▶ 3. 给孩子"松松绑"

物极必反，我们把孩子"绑"得越紧，孩子就越想逃离我们身边，所以我们要适当地给孩子"松松绑"。我们可以减少对孩子说教的频率，甚至可以适当地"忽略"孩子。

比如，尽量少去孩子房间，让他自己打扫卫生；不要过度关心孩子的作业问题，让他自己决定该怎么完成。孩子的心情放松了，自然就不会跟父母对着干，甚至会主动亲近父母。

## 家长反馈

天天开心

张老师，您的教育方法真是让我茅塞顿开。我家孩子现在不仅老实待在家里，跟我的关系也变得好多了。

过誉了，您家孩子是怎么改变的？

张老师

天天开心

主要还是听您的建议，尽量采取柔和的手段，先顺着孩子。之前我家孩子嫌我管得太多了，嚷嚷着要离家出走。那我就顺着他来，帮他收拾东西，让他去奶奶家住。孩子一开始还很惊讶我没有反驳他。他在奶奶家住了一个礼拜就待不住了，我就把他接了回来。他回来后，我也没对他很严厉，甚至不怎么管他。后来，他居然还缠着我多管管他。

很高兴我的方法对您有帮助。孩子离家出走也只是一时冲动，我们好好引导就不会酿成大错。

张老师

# 孩子偷家里的钱怎么办

林宝妈妈

张老师您好，我最近发现孩子总是偷偷拿家里的钱。这要是改不过来，他会不会变成"惯犯"啊？

他偷得多吗？

张老师

林宝妈妈

他每次拿的也不多。我是想用零钱的时候，才发现有十几块钱不见了。之后我留了个心眼，就发现每个星期钱包里都会少十几块钱，而孩子有时候会拿出来玩一些我没给他买过的玩具。

偷钱的习惯确实需要改正，您之后有劝过他吗？

张老师

林宝妈妈

我后来也教训他了，他也安静了一段时间。但是没过多久，他就又开始偷了。我真不知道该怎么教他。张老师，您看看还有什么方法吗？

张老师看问题

有些孩子会瞒着父母，在没有得到允许的情况下，就拿走父母放在家里的钱。我们对于孩子这种偷窃的行为是感到愤怒的，不知道孩子从哪里学来的这种坏习惯。但孩子偷拿家里的钱都有其原因，我列出了以下常见的三点。

### ▶ 1. 物质需求得不到满足

有些父母为了阻止孩子乱花钱，只给孩子很少的零花钱，甚至不给孩子零花钱。孩子也有各种物质欲望，一旦欲望得不到满足，他们就会用别的方式获得自己想要的东西，比如偷钱。

有些孩子想买东西必须向父母要，又担心得不到父母的支持，比如买垃圾食品、昂贵的玩具等，所以他们就可能剑走偏锋，偷偷拿家里的钱去买。

### ▶ 2. 想像大人一样支配金钱

孩子想要钱可能并不是想买点什么，而是想获得支配金钱的权利。孩子每次买东西都要向父母申请，要告诉父母自己的钱都花在哪里了。他们其实也想像大人一样拥有自主权，不想事事都跟父母说明，这就导致他们想偷一点钱存到自己的"小金库"里。

### ▶ 3. 不清楚"偷"的概念

有些孩子习惯性地向父母索取，可能认为父母的钱也是自己的，如果有用钱的需要，也可以像拿家里其他东西一样，不经过允许就随意取用。他们在家里没有明确区分"偷"和"拿"的行为，再加上他们通常以自我为中心，便更加肆无忌惮了。

**张老师的落地方案**

很多孩子偷家里的钱是因为没有钱能花，所以我们应该适当地满足孩子的购物欲。怎样才能预防孩子偷钱呢？我总结出了下面三点建议。

### 1. 给孩子固定的零花钱

给孩子准备固定的零花钱，并且在固定的时间发放，比如以周为单位发零花钱。零花钱的金额要根据孩子的日常支出来定，比如买文具、零食等的零花钱是固定金额，还要在固定金额之外留一些孩子可以额外支配的，让孩子有能力去满足自己的其他需求，比如玩具、书籍等。

我们要适当地放手，相信孩子能够分配好自己的零花钱。孩子有了稳定的零花钱，就会减少通过偷取来获得零花钱的想法。

### 2. 给孩子获取金钱的正确途径

孩子如果想要一些比较昂贵的东西，但自己的零花钱又负担不起，我们可以帮孩子一点小忙，让孩子通过做一些家务来获得一定报酬。比如整理物品、端菜、拖地等。我们要让孩子知道通过劳动可以获取报酬。既然孩子可以通过自己的努力光明正大地拿到钱，他就不会再冒着风险去偷钱了。

### 3. 给孩子违规的惩罚

明确地告诉孩子，偷窃是非常不可取的行为，无论是家里还是别人的东西，都不能偷，这是败坏道德和违反法律的行为。用实际的惩罚行为告诉孩子"不是自己的东西不能拿"，比如跟孩子约法三章，如果偷了钱，一周内暂停发放零花钱，并且不能看喜欢的动画片。

**家长反馈**

林宝妈妈

果然，相信张老师肯定没错！用了您的方法，我家孩子真的改掉了偷钱的毛病。

谢谢您的肯定，能跟我讲讲孩子是怎么改变的吗？

张老师

林宝妈妈

孩子之前还以为我发现不了他偷了家里的钱。我发现后差点气得想教训他，但是我看了您的分析，明白了我没有满足孩子正常的购买欲。之前我都不怎么给孩子零花钱，现在我每周都给孩子 30 元，让他自己支配零花钱。有时他想买贵的东西，我也让他用家务活儿或者成绩来换。他有了能支配的钱，就再也不偷了。

您也很棒，能及时把孩子偷钱的坏习惯纠正过来，还能进一步培养孩子理财的习惯。

张老师

# 孩子早恋怎么办

故友旧事

张老师，我发现我家孩子最近早恋了。您说我该怎么办啊？

您是怎么发现的？

张老师

故友旧事

她最近回家都有点晚，我问她去哪里了，她也总是糊弄我。而且她还把自己的手机看得很严，不允许别人碰，总是捧着手机发消息，还傻笑。我想这孩子也读初二了，可能会有早恋的苗头。我担心她跟不好的人交往，就提前下班去接她放学，结果刚到学校就看见她跟一个男孩在校门口聊天，看上去有点亲密。

青少年确实会有早恋的可能，您之后是怎么处理的？

张老师

故友旧事

我也不敢"打草惊蛇"，就先回家了，之后也没跟她提这件事。现在的孩子逆反心理可重了，我也不知道该怎么办，您有什么好办法吗？

**张老师看问题**

随着孩子年龄的增长，早恋问题不可避免。父母发现之后可能会如临大敌，但不要着急。

### ▶ 1. 青春期萌动

当孩子进入青春期，性激素开始分泌，性器官也快速发育成熟，这时候孩子的生理和心理都会发生变化。在这个阶段，孩子会对异性产生好奇和向往。

### ▶ 2. 环境影响

由于周围的同学和朋友有早恋的，甚至形成了一种流行趋势，孩子便认为早恋是一件很"酷"的事情。除此之外，一些文艺作品对爱情过度地吹捧，孩子受这些作品的影响，内心也会对爱情产生向往。

 **张老师的落地方案**

对于早恋现象，父母不要避而不谈，也不要急于"棒打鸳鸯"。早恋也是孩子学习跟异性相处的过程，家长可以趁机给孩子树立一个正确的恋爱观。

### ▶ 1. 理性看待早恋

早恋其实是青春期的正常现象，如果我们强硬地阻止孩子早恋，孩子在逆反心理的作用下就会觉得自己的选择是正确的，产生一种"我要为了爱人与全世界为敌"的使命感。

### ▶ 2. 当孩子的"情感电台"

我们可以充当孩子的朋友，站在平等的角度跟孩子谈谈这段感情，让孩子跟你分享一下恋爱当中的事情。这时候，分析一下感情中的问题，让孩子能看到这段感情是不成熟的。

### ▶ 3. 规定孩子跟异性相处的边界

我们不阻止孩子跟异性的正常相处，但一定要让孩子知道跟异性相处的分寸感。告诉孩子男生和女生之间的交往要把握好度，不能越界。

 **家长反馈**

 故友旧事

张老师，您的方法真有用，孩子现在已经放弃早恋了。

很高兴能帮到您，孩子是怎么放弃的？

张老师

 故友旧事

当我知道孩子早恋之后也是着急的，怕孩子受到不好的影响。但是听了您的分析之后，我知道我不能强硬处理。我在孩子面前很大方地就接受了她的早恋，还总给她的情感提意见，当她的"好闺蜜"，旁敲侧击地告诉她现在早恋不合适。一段时间之后，她也觉得现在的恋情不是想象中的样子，而且很耽误学习，最后就分手了。

现在确实不是恋爱的好时候，很高兴您的孩子能够及时从早恋当中脱身。

 张老师

# 老大总是欺负老二怎么办

逆风的小菊

老师，您早！我去年刚生了二胎，本来照顾两个娃就已经让我和孩子爸爸精疲力竭了，没想到哥哥还变得更调皮了，不但不懂得帮助父母照顾弟弟，还总是欺负老二，这可怎么办才好呢？

早上好，请问哥哥今年多大了？弟弟出生后，哥哥的情绪变化大吗？

张老师

逆风的小菊

哥哥今年 5 岁了。弟弟出生后，可能是我和他爸爸平时对老二的关照多了一些，哥哥确实经常会有点小郁闷。

那哥哥具体是怎样欺负弟弟的呢？

张老师

逆风的小菊

每次让哥哥帮忙看一下弟弟的时候，他都十分不情愿。有时会把弟弟的玩具藏起来，心情不好的时候还会倒掉给弟弟刚泡好的奶。为此，我们经常管教哥哥，可他对弟弟的态度还是那样。

**张老师看问题**

"妈妈，刚才哥哥推了我一下！""爸爸，姐姐又把我的玩具抢走了！"相信许多二胎家庭的父母都没少听到类似的话。生下老二的初衷原本是不希望老大孤独地成长，顺便也能培养一下老大的责任感。可是谁也没想到，老二的出生反而成了老大痛苦的源泉，于是，老大欺负老二便成了每日"惯例"。想要让两个孩子和睦相处，首先我们要了解一下老大的心理。

### ▶ 1. 老大觉得很委屈

在老大眼中，明明之前可以自己独享的东西，如今都要被老二"抢"走一半，甚至更多。当看到自己的地位大不如以前时，老大的内心充满了委屈。

### ▶ 2. 老大要对老二"复仇"

有一些人小鬼大的老二，会仗着自己年龄小就常常欺负老大。但是老大怎会轻易地原谅老二的任性呢？在等到合适的机会后，老大就会对老二进行"反击"。

### ▶ 3. 老大对父母的不公平对待感到气愤

在两个孩子爆发冲突时，一些父母会习惯性地偏袒老二。比如，父母经常不假思索地告诉老大，要把仅剩一份的零食让给老二吃。因此，常常感到不公平的老大，就会通过欺负老二的方式来平衡自己的内心。

张老师的落地方案

其实，想要让老大生出对老二的爱护之心，关键就在于一定要让老大的内心有较强的满足感和安全感，也就是让老大的心情变好。因此，父母可以试一试以下方法。

### 1. 同时考虑两个孩子的感受

父母在生活中为两个孩子做的任何事情，即便只有一方需要，另一方压根儿不需要，父母也不应该对不需要的一方不闻不问。要记得同时观察两个孩子的情绪波动，并保证他们都满意。

例如，在喂老二吃辅食时，如果观察到老大的心情有所变化，无论老大是表示感兴趣还是产生了嫉妒之情，父母都应该满足一下老大的需求：分给老大一些想吃的辅食，或是给老大买他想吃的其他食物。只有让老大和老二都顺心、满意，孩子们才会用和平的心态去相处，也就不会因不平衡的心理而产生矛盾了。

### 2. 引导老大与老二共情

当老大问我们"老二有什么好的"时，父母可以趁机用沟通的方式来让老大进一步接受老二："也许你觉得弟弟/妹妹抢走了你一半的生活，但是，你却比弟弟/妹妹多独享了好几年父母的一切关爱。弟弟/妹妹从一出生最多就只能得到父母一半精力的照顾，在家中还是年龄最小的、最没有能力的，比你活得'艰难'多了。"

### 3. 给老大讲讲有老二的好处

当老大意识到老二并没有他想象中的被偏爱后，我们可以继续对老大说："你也许不知道，其他小伙伴都很羡慕你，因为你随时都有一个很好的玩伴，和一个可以在遇到困难时互帮互助的兄弟／姐妹。虽然你们两个人偶尔会闹得不愉快，但根本不用担心，因为父母会帮助你们和好如初，让你们一起快乐地成长。同时，你也会比独生子女多了一份与兄弟姐妹朝夕相处的经验，因此会比别人更懂事，更会关爱别人，大家一定会更喜欢你的。这么一想，有个弟弟／妹妹是不是还挺好啊？"

 ## 家长反馈

逆风的小菊

张老师，非常感谢您！用了您的方法后，我们家的两兄弟关系真的好多了，甚至有时还会互相照顾呢。

别客气，听您这么说我真是太开心了。哥哥现在是不是也不会经常欺负弟弟了？

张老师

逆风的小菊

次数减少了一大半呢。因为我和孩子的爸爸也反思了，之前兄弟俩发生矛盾后，我们确实有点习惯于偏袒弟弟，而忽略了哥哥的心情。不过现在我们在做任何事情时，都会同时考虑两个孩子的感受，并满足他们的愿望，所以他们也很少不开心了。

看到孩子进步的同时，我们做父母的也在进步，真是太好了。

张老师

# 孩子不愿意上幼儿园怎么办

酒酿樱桃子

张老师，我儿子今年 3 岁两个月了，今天刚进入幼儿园满一个月。他几乎天天都要哭，还吵着不去幼儿园。请问您有什么好的办法能让他快点适应吗？

您有问过孩子为什么不想去幼儿园吗？

张老师

酒酿樱桃子

问过，孩子说因为"舍不得离开爸爸妈妈""幼儿园里不好玩"什么的。但是我们的工作都很忙，让孩子上幼儿园是必须的。

那孩子平时的表达能力和自理能力怎么样？

张老师

酒酿樱桃子

其实都一般。因为孩子不是很喜欢说话，穿衣服也是刚学会不久，所以穿的时候并不是很利索，有时候还需要大人帮忙，再加上他天天哭，我真是又心疼又焦急呀。

**张老师看问题**

很多家中有上幼儿园的小朋友的父母都遇到过这样一个问题：孩子在家很活泼，但只要一提到去上幼儿园的事，脸上瞬间就写满了不情愿。从起床一直到强行送到幼儿园门口，不管怎样哄劝，孩子还是要哭闹个不停，抱着门框不撒手、扯坏父母的衣服都是常有的事情。

那么，到底是什么原因导致孩子如此抗拒上幼儿园呢？我认为大概有以下几点原因。

### ▶ 1. 孩子的自理能力不强

上幼儿园，就意味着孩子要独自完成生活的大部分琐事，如穿衣服、吃饭、如厕等。如果孩子的自理能力不够强，再加上不知道如何开口寻求帮助，那么孩子在园内的生活一定是困难重重的。

### ▶ 2. 孩子的人际关系不佳

因为犯错而经常受到老师的批评，或是因表达能力不佳导致朋友少，又或是过分调皮而遭到其他同学的冷落……类似的原因都会让孩子失去良好的人际关系，从而抵触去上幼儿园。

### ▶ 3. 孩子不适应幼儿园的日程安排

有些孩子对幼儿园安排的活动并不是很适应，会出现在游戏和学习中表现不如别人的情况，因此会产生挫败感；有些孩子认为幼儿园的生活十分不自由，不能像在家一样随心所欲。

张老师的落地方案

当孩子因为不想上幼儿园而哭闹时，父母请记得一定不要使用威逼、哄骗等方式强迫孩子入园，这样做会让孩子失去对父母的信任，也尽量不要在孩子面前表露出担心的表情，以免孩子哭闹得更凶。

其实，想让孩子心甘情愿地入园，我们就得想办法让孩子觉得幼儿园有吸引力。为此，我给家长们准备了以下几个方法。

### ▶ 1. 解决孩子在幼儿园遇到的具体困难

父母要主动搞清楚孩子在园内遇到的具体困难，例如是不是穿衣服不熟练、是不是没有好朋友、是不是玩游戏时总输给别人等，并充分利用在家的时间帮助孩子解决这些困难。孩子在幼儿园中没有了困难，才能轻松愉快地享受幼儿园的生活。

### ▶ 2. 制定奖励制度

坚持上幼儿园一周就可以买一个小玩具，坚持上幼儿园两周就奖励一顿大餐，坚持一学期入园前不哭闹就可以去主题公园游玩……有了类似的"制度"，幼儿园就会间接地对孩子产生一定的吸引力，而孩子入园时也就相对心甘情愿了。

### ▶ 3. 让孩子将卡通情景代入真实生活

有一个小女孩十分不喜欢上幼儿园，但在她最喜欢的动画片中，有相当一部分剧情都是在幼儿园中发生的。于是父母就告诉她"你现在就是动画片里的主人公"，这时小女孩就接受了这个设定，并将自己在幼儿园的生活想象成是在动画片剧情中。由此可见，我们可以利用孩子喜欢的绘本和动画片，让孩子对自己的真实生活进行情景代入。

### ▶ 4. 循序渐进法

父母可以通过逐渐增加孩子的入园时间来帮助孩子适应，例如从开始的入园半天就可以回家，慢慢过渡到可以在幼儿园内坚持度过完整的一天。

 家长反馈

酒酿樱桃子

张老师，谢谢您给的建议，我儿子现在终于肯去上幼儿园了。

您不要客气。那真不错呀，孩子现在入园时还会哭闹吗？

张老师

酒酿樱桃子

哭闹的次数已经少了很多，主要是孩子不敢开口向老师寻求帮助的问题改善了很多。还有，我们和孩子做好了约定：如果他坚持上两周幼儿园，就带他去动物园看他最喜欢的老虎。在去动物园的诱惑下，他不情愿的情绪减少了一些。过几天还想让孩子练习练习折纸，这样在手工课上他就不会手忙脚乱、心情烦躁了。

宝贝进步得真快啊！相信在您的帮助下，孩子的幼儿园生活一定会变得充实又快乐。

张老师

# 孩子吃饭挑食怎么办

泡果奶

张老师，您现在方便吗？可以问您一个问题吗？

方便，您尽管问。

张老师

泡果奶

好的。情况是这样的：我儿子今年 6 岁了，虽然身体很健康，但有一个问题却一直让我和他爸爸很头疼，那就是他只喜欢吃肉，不喜欢吃菜。为此，我们夫妻俩也没少在餐桌上管教他，但他还是不太愿意主动去吃蔬菜。要怎样做才能帮助他改掉挑食的毛病呢？

可以详细了解一下您和孩子爸爸是怎样管教孩子的吗？

张老师

泡果奶

我们就对他说："如果你不吃菜，我们就不给你吃肉。"还会先把肉类从餐桌上移走，直到他吃完蔬菜后才给他吃肉。但是只要我们不强迫他吃蔬菜，他就绝对不会主动吃。有什么办法能让他主动吃蔬菜吗？

张老师看问题

"妈妈，我吃完啦！"话音刚落，孩子就一溜烟儿地跑进了自己的房间。我们再往孩子的饭碗里一瞅，发现还有几根绿油油的青菜正孤独地"躺"在里面。很多家长都表示，不知道自己已经讲了多少次不吃蔬菜的危害，也不知道因为"不吃蔬菜"的问题，还要和孩子"大战"多少个回合。那么，孩子到底为什么只吃肉不吃菜呢？原因其实很好理解。

### 1. 菜的味道不如肉好

相比青涩难咽的蔬菜，肉类的味道不知道要好上多少倍，因此面对食物时，孩子自然地就会选择吃肉。

### 2. 人类基因在作怪

基因的不同，会造成每个人天生的饮食喜好出现一定的差异。孩子往往会偏爱一些高脂肪、高糖等热量高的食物。因此，"只吃肉不吃菜"或许只是孩子体内的基因做出的选择。

### 3. 孩子可能没有在辅食期打下良好的基础

辅食期是孩子味觉发育的黄金时期，如果父母在这段时间为孩子准备的辅食过于单一，就容易造成孩子在长大后挑食。

**张老师的落地方案**

想让孩子做到不挑食，父母先要树立好榜样，同时不要逼迫孩子进食，以免孩子对蔬菜更为反感。最后，我们可以通过以下几种方式，来改善孩子只吃肉不吃菜的饮食习惯。

### ▶ 1. 改变蔬菜的味道和菜品的摆盘方式

参考各种做饭教程，改进一下烹饪蔬菜的方式，这样孩子或许瞬间就会爱上这些原来根本不愿接受的食物。父母还可以从视觉上增加孩子的食欲，比如购买几套好看的餐具、挑选一些五颜六色的蔬菜，并将蔬菜制作成或摆成可爱的卡通形象来激发孩子对蔬菜的兴趣，让孩子体会到一种在家吃饭也很有趣的感觉。

### ▶ 2. 让孩子尝试几天只吃肉食的日子

一味地强迫孩子进食蔬菜，孩子不但会对我们产生小情绪，而且还会在长大后进行"报复性食肉"。我们可以尝试让孩子过几天只吃肉的日子，相信孩子到最后肯定会产生油腻反胃的感觉。这时，就算没有父母的要求，孩子自己也会主动去吃蔬菜解腻了。

### ▶ 3. 让孩子参与做饭的过程

如果孩子喜欢烹饪的话，父母可以让孩子挑选一些自己喜欢的蔬菜来做，参与做饭的过程。这样，孩子就会因为想要品尝自己的劳动成果，而愿意主动吃一些蔬菜。

### ▶ 4. 引导孩子追随爱吃蔬菜的"偶像"

一个从来不吃洋葱的小女孩，在一天放学回家后竟然主动向妈妈提出要吃洋葱的要求。于是，妈妈就好奇地问女儿为什么突然想吃洋葱了。小女孩表示，因为发现她最喜欢的动漫人物就很爱吃洋葱。由此可见，我们可以找到孩子最喜欢的"偶像"，借助他们的力量来引导孩子吃蔬菜。

 ## 家长反馈

泡果奶

张老师，听了您的建议后，我马上给孩子买了一套他喜欢的餐具和好多五颜六色的蔬菜，还专门去网上学习了一下烹饪的小窍门，特意为他定制了一款"儿童套餐"。后来孩子一看到他的饭，马上惊讶地说："妈妈今天做的饭像餐厅里的菜！"然后就迫不及待地吃了起来。现在我几乎每天都会给他准备这样的饭。

天天为孩子如此精心烹饪，真是好妈妈呀。

张老师

泡果奶

哈哈，您过奖了。您的方法真好，不仅让我的厨艺提高了，还让孩子对吃蔬菜这件事比以前主动多了。其实我儿子也挺喜欢做饭的，下次可以让他和我一起下厨，估计效果会更好。

哈哈哈，让我们一起期待吧。

张老师

# 孩子经常熬夜怎么办

蝶千萱

张老师好，我想问您一个问题：我女儿今年上幼儿园中班了，她最近总是到点不睡，晚上经常熬到十一二点才有困意。请问这是什么情况啊？

家长您好，孩子的身体最近有没有出现不舒服的情况？

张老师

蝶千萱

不舒服倒是没有，孩子的精力还是比较旺盛的。

那您有针对孩子不睡觉的情况采取过什么措施吗？

张老师

蝶千萱

一开始我和孩子爸爸会让她看几集喜欢的动画片，以为她看着看着就有困意了，没想到孩子越看越兴奋。我们第二天都要上班，不能熬到太晚，索性就强行把她抱到卧室里哄睡，但她却翻来覆去折腾好一会儿才睡着。

**张老师看问题**

墙上的时钟已经敲响了 11 下，工作一天的父母早已开始眼皮打架，但这时，精力旺盛的孩子却提出了还要再看一集动画片的请求。父母听后，心中的怒火瞬间被点燃了，一把就将孩子强行抱到了屋里。于是，这又成为一个以孩子的哭闹来收场的夜晚……

很多父母既头疼又好奇：为什么孩子到点不睡呢？其实，主要原因有以下几点。

### ▶ 1. 孩子可能精力旺盛，没有困意

基因不同，每个人需要的睡眠时间都是不同的，再加上孩子的精力比较旺盛，所以到了睡觉的时间但没有困意是很正常的事情。

### ▶ 2. 孩子在睡前太过兴奋

如果孩子在睡前进行了一项自己十分感兴趣的活动，那么到了该睡觉的时候，孩子便会觉得意犹未尽，依旧沉浸在刚才的快乐中无法自拔，就像熬夜追剧的我们一样。我们还要检查一下，孩子在睡前习惯摄入的饮食中，是否含有一些会引起神经系统兴奋的成分，例如茶多酚、咖啡因等。

另外，卧室的环境不佳，也会让孩子对睡觉产生反感。有的孩子会因为卧室的环境不好而拒绝睡觉，例如光线太强、物品摆放杂乱、噪声较大、被褥不舒适等。

### ▶ 3. 孩子白天睡得太久，导致作息紊乱

孩子如果白天的睡眠时间很充足，那么到了晚上一定不会有太大的困意。

张老师的落地方案

　　安排好有规律的作息时间，孩子在白天便能拥有更丰沛的精力来生活和学习。但如果孩子到点不想睡觉，父母尽量不要表现出自己的愤怒，这个时候发火的话，反而会把负面情绪传染给孩子，直接影响到孩子的睡眠质量，甚至还会导致他们做噩梦。

　　当孩子的生物钟出现紊乱的情况时，我们可以采用以下几种方法来帮助孩子调整好作息时间。

### 1. 调整孩子白天的作息

　　只要白天足够劳累，晚上就会睡得又香又甜，这一点在孩子身上也不例外。因此，如果孩子有喜欢的运动的话，父母可以利用白天的时间带孩子进行一些强度大一点的户外运动，多耗费他们的体力，可以送给孩子滑板车、足球、旱冰鞋等运动用品作为礼物，培养孩子更广泛的运动爱好，以便孩子在晚上睡得更香。同时，我们要避免让孩子在睡前摄入一些容易导致失眠的饮品，例如奶茶、茶水、可乐、咖啡等。

### 2. 做好充足的睡前准备

　　我们可以在睡前为孩子做一些准备，例如让孩子喝杯牛奶、泡个澡、调暗室内灯光等。此外，我们还可以趁孩子躺到床上的时候，播放一些安眠曲来助眠。

### 3. 改善孩子的卧室环境

　　五颜六色的床单被褥，光线温和的小夜灯，再加上孩子最喜欢的玩具环绕在床头，连父母看到这样温馨的卧室都想进去小憩一会儿，孩子见了一定也愿意在这里入眠。

### 4. 让孩子亲身体会熬夜的痛苦

如果有条件的话，父母可以尊重一下孩子的意愿，让他痛痛快快地熬个夜。孩子第二天起床后体会到头脑被掏空的酸爽时，也许就再也不想熬夜了。孩子早点体会到熬夜难受的滋味，就会早点对熬夜死心，也会主动养成有规律的生活作息习惯。

## 家长反馈

蝶千萱

> 张老师，我按照您的建议，每天晚饭后会带着孩子去小区的广场上滑轮滑。有了这一个多小时的运动量，孩子现在很容易疲劳乏困，每晚都睡得可香了。

> 真好！现在孩子大概几点入睡呀？

张老师

蝶千萱

> 基本到了 9 点半左右就出现困意，10 点钟之前肯定能睡着了。我们还给孩子布置了一间温馨的小卧室，买了很多她喜欢的毛绒玩具放在床周围，被褥也换成了她最喜欢的卡通图案。孩子说现在的卧室就像城堡里的公主房，睡觉的时候会觉得很幸福。

> 哈哈，孩子的睡眠变好了，第二天肯定元气满满！

张老师

# 孩子喜欢动手打人怎么办

冰之紫瞳

张老师，我儿子从小就比较调皮，最近不知道怎么回事，居然学会打人了！因为这个坏毛病，他和别的小朋友闹过好多次矛盾。我真的很担心他会一直这样下去，请您快帮帮我吧！

请问孩子最近的心情怎么样啊？

张老师

冰之紫瞳

被您这么一问，我发现他最近好像真的比以前易怒了，有时候还会和我们顶嘴、哭闹什么的。

这样啊，那孩子在闹脾气或者犯错的时候，您是怎样处理的呢？

张老师

冰之紫瞳

我觉得对付这种不听话的孩子，就应该通过能让他长记性的方式来管教，所以一般他调皮的时候，我都会严厉地训斥他，让他乖乖听话。最近他不是学会打人了吗，他爸爸在事后也会打他的屁股或是让他面壁思过，以便让他长个教训。

**张老师看问题**

部分家长发现，自己的孩子在和小伙伴发生矛盾时，喜欢用打人的方式来解决问题，导致双方会闹得有些不愉快。父母在头疼的同时也为此感到好奇：为什么孩子小小年纪就学会打人了呢？为了解决这个问题，我已准备好了下列相关分析。

▶ **1. 孩子误认为"暴力征服"是有效且强大的**

如果孩子身边的人或喜欢的影视作品中，经常出现通过暴力行为暂时达成了目的的情形，甚至孩子在打人的时候，身边的看客会笑着说孩子"有脾气、有个性"之类的话，孩子就会误认为"暴力征服"是有效且强大的。

▶ **2. 孩子的情绪容易失控**

有的孩子容易急躁，遇到矛盾时害怕得不到自己想要的结果，情急之下就会下意识地通过打人的方式来解决问题。

 **张老师的落地方案**

其实，出现攻击性行为是每个孩子成长过程中的必经之路，但如果不对这种行为及时加以引导，就会导致孩子的人际关系严重受损。那么，究竟怎样做才能让孩子不再使用暴力呢？我们可以参考以下几个方法。

### ▶ 1. 尽量不要让孩子接触暴力行为

我们要记得，从孩子很小的时候就要避免让孩子接触暴力影片、暴力游戏等一切与暴力相关的内容。在路上偶遇打架的场合时，不要带着孩子去围观，以减少孩子大脑中对暴力行为的植入。

### ▶ 2. 给孩子讲讲打人的危害

当孩子问我们为什么不可以打人时，我们应该引导孩子换位思考："如果别的小伙伴打了你，你会有什么样的感受？"这样孩子才能更深刻地意识到自己的错误。

接下来，我们再继续讲一讲暴力行为的危害："也许打人可以暂时让对方'乖乖听话'，但是从长远来看，吃了我们'拳头'的朋友会在事后对我们产生一定的看法和情绪，甚至还会导致无休止的互相伤害。同时，看到我们动手的其他人，会觉得我们的脾气不太好，说不定就不敢和我们交朋友了呢。"

### ▶ 3. 父母要避免使用"拳头"

如果孩子经常受到打骂，内心就会不断积攒负面情绪，遇到矛盾时也更容易"爆发"，甚至还会认为使用暴力是合理的，并对这种行为加以模仿。所以，如果想让孩子学会用理智来驾驭冲动，父母就千万不要用"拳头"来教育孩子。

### ▶ 4. 给孩子足够的安全感

父母在平时应该多给孩子一些赞美和鼓励，多照顾一下孩子的情绪，尽量避免责备。当孩子的内心充满幸福后，他们就不会经常烦躁，产生矛盾时更不会冲动地去打人。

## 家长反馈

冰之紫瞳

张老师，您好！我儿子现在的脾气越来越好了，也很少再和别的小朋友打架了，不知道该怎么感谢您才好！

您太客气了，孩子成长得这么快啊！

张老师

冰之紫瞳

是呀，其实我和孩子爸爸也检讨了，因为我们这一辈人就是在父母的"拳头"下长大的，所以一直都觉得这种教育方式没问题。听了您的话后，我们就开始留心观察，发现每次打完儿子后，他都会有些小郁闷。这时我才意识到，这种教育方法从长远来看并不可取。当我们不再使用"拳头"教育儿子以后，他的心情真的比以前好了很多。

太好了，真为你们一家人感到高兴。

张老师

# 孩子啃咬指甲怎么办

半眠日记

张老师，晚上好！我家孩子真是太喜欢啃指甲了，请问我应该怎么办才好呢？

晚上好！您可以仔细说一下孩子的情况吗？

张老师

半眠日记

我女儿今年 7 岁了，刚升入小学不久，我就发现她新添了啃咬指甲的坏习惯。而且无论我怎样提醒，她都改不了这个毛病。现在两只手的指甲已经被她啃得所剩无几了，我很担心她会把细菌吃到肚子里导致生病什么的。

您有采取过什么应对措施吗？

张老师

半眠日记

我常常在她要啃手的时候严厉地训斥他，或是抓住她的手，想让她改掉这个习惯。但是她不仅没有改掉，还会常常在我们不注意的时候偷偷啃手。

张老师看问题

咬指甲的情况在幼儿和青少年群体之中十分常见。看到已被孩子咬得又短又小的甲床，父母不禁为孩子的小手捏一把汗，但孩子好像感觉不到疼似的。可是不管父母制止多少次，孩子还是难以克制自己咬指甲的行为。

对此，很多父母都发出了这样的疑问：孩子究竟为什么喜欢啃咬指甲呢？下面就让我来分析一下其中的原因。

### ▶ 1. 咬指甲已经成了孩子无聊时的习惯

首先，有一些孩子在无聊时，会选择啃咬指甲来消磨时间。这些孩子通常缺乏父母的关注和陪伴，精神比较空虚。一些孩子也会因为模仿周围的同学，养成咬指甲的不良习惯。

### ▶ 2. 孩子喜欢用咬指甲来掩饰情绪和解压

很多孩子在情绪出现了波动，例如紧张、焦虑、忧郁或专注思考时，会条件反射般地咬指甲，借此来掩饰自己的情绪波动或达到解压的效果。我们不难发现，他们在考场上、学习压力大时、气氛不好的家庭里、受到责备后等，都会习惯性地啃指甲。

### ▶ 3. 缺锌也会导致孩子喜欢啃指甲

通常，孩子体内缺乏锌元素，会导致孩子喜欢啃咬一些奇怪的东西，比如指甲、纸巾、铅笔等。

**张老师的落地方案**

看到孩子又开始啃咬手指时，父母一定不要表现出极力阻拦的态度，这样不仅不能帮孩子改正，说不定还会引发孩子的逆反心理。事实上，如果不是孩子自己下定决心去改正，父母是很难完全杜绝孩子咬指甲的行为的。那么，究竟怎样做才能让孩子不再啃咬指甲呢？我们可以用以下几种方法来帮助孩子。

#### ▶ 1. 让孩子了解咬指甲的危害

当孩子问我们为什么不可以啃指甲时，父母可以让孩子换位思考，浏览一些社交平台，看一看众多网友是怎样看待啃咬指甲这种行为的，再看一看大家对修长干净的指甲和漂亮的美甲是如何评价的，借用群众的力量来帮助孩子意识到错误。孩子发现其实很多人都会否定啃指甲这种行为时，便会下定决心去改正。

父母也可以这样告诉孩子："咬指甲还会引发指头炎、甲沟炎、感染等疾病，情况严重的话还要去医院通过手术来治疗。另外，咬指甲会让口水沾满手指，而用带着口水的手指去触碰四周的环境和身边的人是不礼貌的，因为这就相当于我们把口水直接涂到别人的身上。大家都很反感这样的行为，我们会因此给别人留下糟糕的印象。"

#### ▶ 2. 使用药水、甲片、指套等工具

如果孩子主动提出要改正这个坏毛病的话，父母可以帮助孩子涂上专用的防啃手苦药水，或是购买专门保护手指的指套。父母还可以带着孩子去美甲店修复损坏的甲床，同时也要记得帮助孩子使用护手霜来滋润手上的皮肤。

#### ▶ 3. 借助偶像的力量帮助孩子改正

如果孩子还是不能理解为什么不能咬指甲，父母也可以让孩子设想一下，如果孩子的偶像把指甲啃咬得又短又小，众多粉丝会怎样看待他。

## 家长反馈

半眠日记

张老师，之前我女儿虽然说自己很想改正咬指甲的习惯，但就是控制不住自己。在按照您的方法帮助我女儿后，她的指甲真的快长好了！

哈哈，孩子现在啃指甲的次数是不是很少了？

张老师

半眠日记

没错。我带着她去了美甲店，让美甲师为她做了修复工作。事后，她看到一位姐姐的指甲十分修长，还贴满了她最喜欢的"钻石"，同时好多人都在夸姐姐的手很漂亮。经过这样一种强烈的对比，她就更觉得自己的指甲不美观了，还说一定要快点改掉啃手的习惯。自此以后，我真的很少再看到她啃手了。

那真是太好了！有了工具的帮助和榜样的激励，孩子不仅能改掉坏习惯，还能培养自己的审美能力。

张老师

# 孩子爱插话怎么办

嘟嘟鱼

张老师，您好！我女儿有一个缺点，就是很喜欢插话。请问我们应该怎样做才能纠正她这个坏习惯呢？

家长您好，可以描述一下她的具体表现吗？

张老师

嘟嘟鱼

我女儿今年上幼儿园大班了，从她刚开始学会表达自己的时候，我们就发现她常常喜欢在大人讲话的时候插话。最近孩子的爷爷奶奶住在我们家，这种现象就更加明显了。

那么在孩子插话的时候，您通常会怎样做呢？

张老师

嘟嘟鱼

我会直接地告诉她：大人在讲话的时候，小孩子不要插嘴。但她不但装作听不见，还更加滔滔不绝地说着自己的想法。直到我们都认可她时，她才肯停下。

## 张老师看问题

　　很多父母都遇到过这样的情况：自己和朋友正在谈论着某件事，站在一旁的孩子却听得比谁都认真，碰到合适的时机还会很激动地发表一下自己的看法，结果我们与朋友之间的谈话总是被迫打断，不能顺利进行。

　　虽然父母知道这些孩子属于开朗健谈的类型，但这种爱插话的行为难免会有些失礼，常常让人哭笑不得。其实，孩子爱插话的原因无外乎以下几点。

### ▶ 1. 孩子在表现自己，以便引起大家的注意

　　有些孩子会觉得可以加入大人的谈话，说明自己既聪明又成熟。再加上孩子发表完自己的意见后，其他人通常都会给予孩子表扬和赞美，这时孩子便会更喜欢通过插话的方式来获得大家的认可。

### ▶ 2. 孩子觉得自己被忽略了，感到十分寂寞与着急

　　有些父母长时间与人交流，忽略了孩子孤独的心情。这时，在一旁焦急等待的孩子便会忍不住打断大人之间的谈话，希望能让自己多一些存在感。

### ▶ 3. 有些孩子插话是因为想和大人一起玩

　　有些过分活泼的孩子比较"人来疯"，一看到热闹的气氛就十分起劲，听到大家在聊自己喜欢的话题时就更激动了，于是就想加入大人们的谈话，但找不到适当的方法。

张老师的落地方案

　　孩子喜欢插话，父母请不要过分地指责，要避免对孩子讲"大人说话，小孩子不要插嘴""打断别人是很不礼貌的"等类似的话，以免孩子今后在面对陌生人时会变得恐惧表达，或是出现更喜欢插话的情况。同时，我们也要为孩子树立好榜样，例如在孩子说话的时候，父母要耐心听完孩子的话再开口。

　　其实，想要让孩子既健谈又稳重并不难做到，父母可以试一试下面几种方法。

■ 1. 告诉孩子不插话的好处

　　当孩子问父母为什么不能插话时，父母可以试着对孩子这样说："如果你在大人说话的时候加入聊天，别人只会夸你一句很聪明。但是，如果你在大人说完话后再发表自己的意见，别人不仅会夸你很聪明，还会夸你有礼貌。所以，你想当聪明的孩子，还是想当既聪明又懂礼貌的孩子？"这时，大多数孩子为了获得更多的夸奖，都会心甘情愿地选择第二种做法。

■ 2. 让孩子忙自己的事情，没空插话

　　如果父母知道即将要进行一场有孩子随同的谈话，可以让孩子自己挑选一些足够感兴趣的物品带上，例如零食、漫画书、玩具等。这样孩子就会在一旁忙着自己玩乐，没空理会大人们说话了。

■ 3. 平时多满足一下孩子的表现欲

　　面对爱表现的孩子，父母要记得在生活中多满足一下他们的表现欲。我们可以给孩子提供一些展示的机会，例如当我们发现孩子对大人所聊的话题很感兴趣时，可以顺便问一句孩子有没有什么想说的。我们还可以带孩子去参加一些与"口才和表演"相关的兴趣班。充分满足了表现欲的孩子，一定会在下次遇到大人谈话的场景时，更有礼貌和耐心。

## 家长反馈

嘟嘟鱼

张老师，听了您的建议后，现在我女儿比以前乖多了，十分感谢您！

不用客气！孩子具体都有哪些变化呀？

张老师

嘟嘟鱼

我女儿平时很喜欢讲话，有一天她问我，为什么我一直不让她在大人讲话的时候加入，于是我就告诉她，如果你等到大人都说完话后再表达自己，大家不仅会夸你能说会道，还会夸奖你有礼貌。后来有一次，我女儿在大人们谈话结束后，试探地问："请问我可以说几句吗？"没想到话音刚落，就被大家夸赞懂礼貌。从那以后，我女儿再也不会在大人讲话的时候插话了。

真好，孩子又长大了一些！

张老师

# 孩子成绩差怎么办

**蜜桃丸子**

您好，张老师，我女儿今年上四年级了，还是挺聪明的，就是学习态度不认真。但只要我一监督她，她的成绩还是不错的。不过大多数时候，她还是愿意过"清闲"的生活，甘心做班中的"学渣"。您说有什么好法子能让她自律一点，逆袭成学霸呢？

家长您好，您在监督孩子学习时，孩子的态度是怎样的呢？

**张老师**

**蜜桃丸子**

孩子一般都会和我嚷嚷，说自己不想学，但这时我都不会给她"躺平"的机会，因为我知道只要一管教她，她的成绩就能提高。我希望她可以在学生时期多努努力，多学一些知识。

## 张老师看问题

　　仅仅是在一个四十多人的小班级中，也会出现严重的两极分化：一些孩子天资聪颖，或是在学业上"卷"到不行，自然是班中的"领头羊"；而另一些孩子则很"佛系"，如果没有老师或家长的督促，他们一定会保持"与世无争"的心态，往往成为班中的"学渣"。那么，在孩子成为"学渣"的背后隐藏着怎样的来龙去脉呢？下面就让我们来分析一下吧。

▶ **1. 孩子对待学业的态度不认真**

　　如果孩子认为不认真读书也不会给自己的人生造成多大的影响，或是以后还有可以完美地将功补过的机会，那么孩子就会心安理得地做"学渣"。

▶ **2. 孩子的学习能力不强**

　　一些孩子的学习态度最开始的时候还是可以的，但因为自身的学习能力不够强，学习起来比较吃力，再加上做事只有"三分钟热度"，于是干脆就做个轻松的"学渣"。

## 张老师的落地方案

　　想让孩子成为学霸，不仅需要孩子一人的努力，父母的鼓励与帮助也尤为重要。在孩子的逆袭之路上，我们可以参考以下这几点建议。

### ▣ 1. 提高孩子对学习的兴趣

当孩子向我们寻求帮助时，父母一定不要从高难度的作业题目入手。我们可以带孩子先从课本上的简单练习开始，从易到难逐步培养孩子学习的信心。在发现自己可以做到时，孩子自然会因为小有成就而爱上学习。

同时，我们也可以寓教于乐，让孩子玩一些与学习相关的电子游戏，或是观看一些英文电影，在相对轻松的活动中掌握更多的知识。

### ▣ 2. 告诉孩子学习的重要性

有些孩子认为学业对整个人生来讲无足轻重，或是以后还有可以弥补的机会，这时我们可以告诉孩子"牵一发而动全身"的道理，让孩子了解到哪怕只是少做了一道选择题，也有可能会影响到今后的整个人生走向，而不是仅造成一个小知识点的缺失。

### ▣ 3. 降低对孩子的期待

为什么要降低对孩子的期待呢？这是因为，过高的期待可能会给孩子带来很大的压力或负担，让他们感到焦虑、沮丧、自卑、无助。这些负面情绪会影响孩子的学习兴趣和动力，甚至导致他们厌学、逃避、反叛。过高的期待也可能会让家长失去对孩子的理解和尊重，忽视他们的个性和差异，强制他们按照自己的意愿和标准去学习和生活。这样会破坏家长和孩子之间的信任，造成亲子关系紧张。因此，降低对孩子的期待，有利于减轻孩子的心理负担，增强他们的自信心，改善他们的学习状态。

### ▣ 4. 挖掘孩子的其他特长，建立自信

事实上，通向成功的路不止学习校内课程这一种方式，每个人的先天条件都是不一样的。我们可以通过"天赋测评"寻找孩子其他的优势，让孩子更加轻松快速地成为其他领域的学霸，例如画画、运动、编程等。这样可以

帮助孩子建立自信心，当孩子面对自己不擅长的学业时，也不会一味地自卑和焦虑。

## 家长反馈

蜜桃丸子

张老师，听了您的建议后，我的心态好像放平一些了。原来，是我把"逆袭成学霸"这件事想得太简单了。虽然我小时候学习挺好的，但我也应该接受自己的孩子先天优势和我不一样这一点。

那您有没有帮助孩子寻找其他方面的特长呢？

张老师

蜜桃丸子

有，孩子从小就很喜欢动漫，也很喜欢画画，这一点比我强很多，因为我根本就不擅长画画。现在我想通了，与其让孩子和我一样成为"理工女"，还不如尊重孩子自己的选择。当个漫画家或是开画室，都是不错的选择。

哈哈，有您这样开明的妈妈，孩子一定会更加健康快乐地成长。

张老师

# 孩子喜欢吃独食怎么办

夏之味

张老师，您好！我儿子今年5岁了，他有一个毛病让我一直都感到焦虑，就是爱吃独食。不管他在吃什么好吃的，都很少会分给身边的其他长辈或是小伙伴，只想一个人独享。请问，我应该如何帮助他改掉这个坏毛病呢？

请问，您有针对孩子的这个问题做过什么引导吗？

张老师

夏之味

有，在他吃独食的时候我会主动向他要，引导他学会分享，还会告诉他吃独食是不对的。但他总是一脸的不情愿，一般只会勉强分给我们一小口。

如果别的小朋友先主动分给孩子食物，孩子还会吃独食吗？

张老师

夏之味

有时候也会分一些，但并不是很多。他总是说自己还要吃，不能给别人。

**张老师看问题**

晚饭时间，妈妈一边在厨房准备着最后一道菜，一边享受着在餐桌前狼吞虎咽的孩子对自己厨艺的称赞。可将最后一道菜端上桌后，她却发现孩子又将喜欢的菜"独吞"了。这时，忙碌了一天的父母不禁会对孩子的行为感到一丝心寒。接下来，我们先对孩子喜欢吃独食的心理进行分析。

### ▶ 1. 孩子对食物的需求程度比较高

每个人对食物的需求程度和偏好都是不一样的，孩子在看到很好吃的东西时，肯定希望自己吃到的越多越好，而不愿意分享给别人。

### ▶ 2. 孩子容易忽略别人的感受

有些孩子缺少一些换位思考的能力，例如在吃东西的时候，常会忘记考虑身边人也需要被照顾的心情。

### ▶ 3. 孩子不想分给其他人

如果一个人不喜欢另一个人，那也就不愿意为这个人主动付出。也就是说，如果孩子对于父母存在着一些不满情绪，也就不愿意感恩自己的父母，包括分享食物。同样，如果孩子不喜欢其他一些孩子，他也不会乐于与这些孩子分享食物。

 **张老师的落地方案**

破解孩子喜欢吃独食这个问题的关键，就在于要让孩子生出对别人的体贴之心。那么，我们作为父母首先要做的，就是让孩子感受到父母不求回报的爱，这样孩子才会记住父母的好，回过头来感恩父母。我们可以试一试下面的做法。

### 1. 用鼓励让孩子学会分享

发现孩子喜欢吃独食时，我们最好不要横加指责，因为这样孩子不仅不能理解我们，还会对我们心生埋怨，从而更不愿意分享。很可能他们长大之后还是喜欢吃独食，以便安慰自己童年时产生的不满情绪。

其实，我们可以帮孩子多准备一些食物，孩子吃够了后，自然就会把多余的食物分给我们。这时，我们就可以对孩子的分享行为表示感谢和赞扬，让孩子了解大方的人是值得被赞扬的。久而久之，孩子吃独食的行为就会逐渐减少。

### 2. 帮孩子买一些零食分享给小朋友

父母可以多准备一些零食，等孩子与小伙伴玩耍时，就鼓励孩子把这些零食分享给大家。孩子看到小朋友们在收到自己的礼物后，都表示开心和感谢，就会明白喜欢分享的人是会受到大家的欢迎的。他们很可能会从此打开心扉，与小伙伴们共享自己喜欢的玩具或零食。

### 3. 让孩子体会分享的意义

一家人在平时进餐时，哪怕孩子有自己专属的宝宝饭菜，父母也可以将大人要吃的食物分给孩子一些。就算是有些食物不适合年龄小的孩子食用，让孩子尝一下味道也可以。这样孩子就会懂得，好的东西是可以共享的，自己的食物也应该给父母尝一尝，进而逐渐生出分享欲。

## 家长反馈

夏之味

老师，现在孩子吃独食的情况真的减少了！那天带着孩子和朋友们一起去野餐，因为怕孩子吃独食，我特意买了很多双份的食物。结果到了野餐时间，孩子果不其然又"霸占"了很多零食。但这次，孩子却惊讶地发现我并没有像往常一样指责他，所以吃到一半的时候，他自己也觉得有些不好意思了，于是就把刚刚"霸占"的零食分了一些给我们。

哈哈，孩子一定会越来越懂得体贴他人的。

张老师

夏之味

是呀，之前我和他爸爸还总是教育他要学会分享，现在才发现这句话的潜台词，原来是我们害怕孩子不懂得孝顺。

不仅孩子进步了，连我们做父母的也有收获呢，真是太好了！

张老师

# 孩子只会"窝里横"怎么办

风掠幽兰

张老师，打扰了，可以咨询您一个关于孩子的问题吗？

可以，您请讲。

张老师

风掠幽兰

我女儿今年6岁了，在家中比较任性，一言不合就开始对着我们发脾气，还大哭大闹。但只要出了家门，她就像变了个人似的，瞬间老实了很多，即便受了欺负也不敢吭声。请问我应该如何让我女儿在家中乖一点，在外面变得自信一些呢？

请问发现孩子喜欢在家发脾气后，您有没有引导过孩子呢？

张老师

风掠幽兰

有，我会告诉她："最好的脾气应该留给最亲近的人，在外面要表现得厉害一点，这样才不会被外人欺负。"但孩子每次一听到这些话都会嫌我烦。

**张老师看问题**

令很多父母疑惑的是，明明孩子没学过川剧，但这变脸速度怎么比川剧演员还快呢？上一秒还是家中的"小老虎"，下一秒就变成了别人身边胆小的"小猫咪"。想要知道其中的原因，那就让我们接着往下看。

### ▶ 1. 孩子缺少一些家庭礼仪

态度温和、体贴他人、尊重长辈……这些都是晚辈在处事时基本要做到的。有些孩子缺少基本的家庭礼仪，喜欢在家里耀武扬威。

### ▶ 2. 孩子在外缺乏安全感

和父母以外的人交往时，孩子一般会比较没有安全感，毕竟别人不可能像父母一样总是包容自己，所以在外就会胆小拘谨，面对父母时则会为所欲为。

### ▶ 3. 父母对孩子比较溺爱

如果除了孩子平时主动提出的请求以外，我们还经常额外满足孩子一些未提过的请求，孩子在我们面前就容易变得有恃无恐。

### ▶ 4. 孩子对父母有些不满情绪

孩子因故对父母产生小情绪，继而就会出现目无尊长的情况。

张老师的落地方案

在家孝顺父母、在外受到尊敬的完美人设，是我们对孩子共同的期待，但又该如何向着这个目标迈进呢？下面几个方法可以给大家带来一些启发。

**1. 拉近孩子与父母的关系**

孩子"窝里横"，很可能是因为在家时心情不好，所以才会有些小脾气。因此，拉近父母与孩子的关系就尤为重要。例如：对孩子的学业多一些耐心；平日和孩子沟通时要保持温和的态度，同时也要避免打骂；可以给孩子多准备一些好吃的和零用钱；看到孩子不开心了，需要父母的关照时，可以做孩子的"知心朋友"……

当孩子感受到父母对自己浓浓的爱后，自然就会把我们当成十分敬佩和感恩的良师益友，也就会变得体贴、懂事，不再"窝里横"了。

**2. 引导孩子自我反省**

如果孩子和父母其中一方发生了争吵，并向另一方倾诉与求助时，我们要先与孩子共情，告诉孩子每个人都有类似的经历，所以自己很懂这种感受。等孩子的情绪稳定下来后，我们要引导孩子发现自己的不足，告诉孩子世界上没有一个人会毫无理由地发脾气，所以父母也不会无缘无故地批评我们，反省自己很重要。

同时，我们也不要忘记提醒孩子：不可以用"还击"的方法对待父母，因为暴力的语言和行为只会让亲子之间的关系越来越不好，只要对父母付出了尊敬与爱，父母就不会再生气地批评我们了。

## 家长反馈

风掠幽兰

老师，我女儿"窝里横"的情况终于有所好转了，谢谢您的指导。

不用客气，孩子现在的表现如何？

张老师

风掠幽兰

孩子最近的表现已经好了很多。我和孩子爸爸也进行了自我检讨，发现孩子对我们态度不好，确实是因为我们有做得不到位的地方。在我们做出了一些改变后，孩子真的越来越听话了！

孩子现在更懂事了，我都替她高兴！

张老师

# 孩子玩完玩具不收拾怎么办

束缚的花

老师，您好！我女儿今年 7 岁了，她很喜欢洋娃娃，所以家中的洋娃娃都快泛滥成灾了。虽然每次在她玩完这些娃娃后，我都会叮嘱她要及时收好，但最后往往还是会由我来收拾残局。我觉得她也不小了，应该学着去管理自己的物品了。您说应该怎样做才能培养她爱整洁的好习惯呢？

家长您好，请问是孩子请您帮忙收拾玩具，还是您主动帮的呢？

张老师

束缚的花

一般都是我主动的，因为她玩完娃娃后还会去看电视什么的。虽然她总是说一会儿就去收，但是看着这乱糟糟的房间，我实在是有些无法忍受，或许是因为我有点"强迫症"吧。

那孩子平时的书包乱不乱呢？

张老师

束缚的花

孩子的书包还是有些乱的。

**张老师看问题**

走进孩子的小房间，看到床上铺满了各种毛绒玩具，地板上则是散落一地的积木，再往柜子上一瞅，原本"站"得板正的书，现在都"体力不支"了。这时，我们做父母的便又无奈地叹了口气，眉头紧锁着帮孩子把"战场"收拾好。其实，孩子不喜欢收拾玩具无外乎以下几个原因。

### ▶ 1. 孩子不懂得自己的事情自己做

如果父母平时溺爱孩子，喜欢在孩子没开口寻求帮助前，就替他完成一切应该由他独自完成的事，那么孩子很可能就会认为收拾房间是父母的责任，即使收拾的是自己的玩具。

### ▶ 2. 孩子故意给父母捣蛋

孩子长期受到父母严厉批评甚至打骂后，内心一定会积攒很多小情绪，此时他们也许会通过"唱反调"的方式来发泄自己的不满。

### ▶ 3. 孩子做事缺乏条理性

有些孩子在生活中比较随心所欲，不太会整理和归纳个人物品，书包、玩具柜、书桌基本都处于杂乱无序的状态。

 **张老师的落地方案**

看着被孩子"抛弃"一地的玩具，父母左右为难：到底是默默帮孩子收拾好呢，还是培养孩子的自理能力呢？如果收拾好了，孩子下次玩完玩具后还是会溜之大吉；如果不收拾呢，自己看着心又很烦。或许看了下面的方法后，我们便不再纠结。

### ▶ 1. 让孩子学会自己整理玩具

我们要记得，如果孩子没有向我们求助，最好不要主动帮孩子整理玩具。我们可以引导孩子自己整理玩具，比如和孩子一起把收拾玩具当成一个游戏来做，可以用比赛、计时、讲故事、求助等方式，来调动孩子的积极性和兴趣，让收拾玩具变得有趣。同时，当孩子收拾好玩具时，我们要及时给予肯定和称赞，让孩子获得一种成就感，也可以给孩子一些小奖励，比如多读一本故事书、多玩一会儿游戏等，让孩子有动力继续收拾玩具。另外，我们可以帮孩子对玩具进行分类（比如按颜色、种类、大小等），这样孩子在整理玩具的时候会更加顺手。

### ▶ 2. 为孩子购买收纳柜

父母可以带着孩子准备一个他喜欢的玩具收纳柜，也可以买一些地垫，为孩子创造一个温馨的玩具区域，还可以将旧玩具送给需要的人，让孩子亲自再选一批新的玩具。一旦有了自己专属的玩具区域和全新的、最爱的玩具，孩子一定会倍感珍惜，也会生出想要爱护和整理的想法。

### ▶ 3. 告诉孩子收拾玩具的好处

当孩子问我们为什么要收拾好玩具时，我们可以告诉孩子："如果我们把玩具按照一定的分类有规律地放好，那就可以做到，对每个玩具的摆放位置都了如指掌、心里有数。这样不仅能够迅速找到想玩的玩具，不会手忙脚乱地一通乱翻，还可以在第一时间发现哪个玩具不见了。同时，别人还会夸我们是爱整洁、爱劳动的好孩子。"

**家长反馈**

束缚的花

老师，谢谢您！我女儿现在终于愿意主动收拾玩具了。

您不用客气。孩子有所改变，那真的不错啊。

张老师

束缚的花

是呀，这周六晚上，孩子的玩具还是像以前一样乱扔了一地，虽然我看到后很生气，但我又马上想起了您说的话，所以就没有督促她去收拾，也没有替她收好。谁能想到第二天起床后，孩子马上就体会到不爱收拾玩具所带来的后果了——自己最喜欢的小模型找不到了，还因此大哭了一场。结果从那天开始，孩子在没有我的提醒下居然主动收拾了两三次玩具！

哈哈，有了这次的"扎心"经历，孩子一定会越来越自觉的。

张老师

# 孩子的书包乱成一锅粥怎么办

狠乖

张老师，您好！我女儿今年上二年级了，做事一直都是毛手毛脚的，房间、书包也常常乱成一锅粥。房间乱就算了，至少我在家的时候还能帮他收拾，但好歹他得先把自己的书包整理好吧。您说，应该如何培养他收拾书包的习惯呢？

家长您好，在看到孩子的书包乱成一锅粥的时候，您是怎样处理的呢？

张老师

狠乖

我一般都会一边教育他一边帮他收拾好。因为我是个有洁癖的人，看到我儿子这样，我真的很想让他变得整洁一些，希望他能主动去整理。

那您问过孩子为什么不喜欢收拾书包吗？

张老师

狠乖

问过的，孩子说收拾书包既麻烦又浪费时间，现在这样就挺好。

**张老师看问题**

　　刚帮孩子整理完房间的父母擦了擦头上的汗，一边感叹着"终于可以休息了"，一边坐了下来，却发现房间的角落还有一条"漏网之鱼"——孩子的书包。打开书包后，父母再一次被这件带着"凌乱美"的"工艺品"震撼到了。真不知道还要督促孩子多少次，才能让他养成爱整洁的好习惯。下面就让我们来分析一下孩子不爱收拾书包的原因吧。

### ▶ 1. 父母的溺爱

　　如果我们本身是个爱整洁的人，喜欢在孩子没寻求帮助前就替他收拾好一切凌乱的私人物品，例如书包、衣服、玩具等，那么孩子就会因为经常生活在整洁与舒适的环境中，失去了锻炼自理能力的机会。

### ▶ 2. 孩子做事欠缺条理性

　　一些孩子思维的条理性和逻辑性欠佳，体现在生活方面就是不太会整理和归纳物品，房间、书包基本都是乱成一锅粥。

 **张老师的落地方案**

　　无论是一个整洁的房间，还是一个被整理得井井有条的书包，都会提高孩子日常生活中寻物、做事的效率，还会给人一种清爽的感觉。那么，面对不爱收拾书包的孩子时，我们应该怎么办呢？下面的方法可以帮到大家。

### ▶ 1. 让孩子学会管理自己的书包

除非孩子向我们寻求帮助，否则就不要主动整理孩子的书包。我们也不要因为孩子的书包乱就严厉斥责孩子，因为这样管教会让孩子对我们产生不满情绪。他们就算暂时服从了，一旦离开了我们的眼皮底下，还是会随意地将书包内的物品乱放。

我们应该用"不整理书包"产生的严重后果来唤醒孩子，例如由于没收拾好书包导致经常迟到或是心爱的物品丢失。一旦在孩子身上发生了这些令他感到痛苦的事，下次大概率就会记得要收拾书包了。所以，我们现在一次次地去帮孩子整理书包，实际上是在剥夺他"学会为自己负责"的机会。

### ▶ 2. 告诉孩子收拾好书包的好处

在孩子问我们为什么要整理好书包时，我们可以这样告诉孩子："如果把书包内的物品按照一定分类有规律地放好，那我们就可以做到对每个物品的摆放位置都了如指掌。这样一来，我们在找东西的时候便能快速而准确，不会浪费时间去乱翻，而节省下来的时间就可以用来玩。另外，我们还可以在丢东西的时候第一时间发现。同时，大家还会称赞我们爱整洁、自理能力强，老师也会更信任我们。"

### ▶ 3. 为孩子购买文件袋等收纳工具

父母可以带着孩子亲自选择一个喜欢的书包，让孩子生出对私人物品的珍惜感，也可以购买一些带有卡通图案的文件袋等收纳工具，让孩子按学科将书本分开装在里面。

## 家长反馈

狠乖

哈哈，张老师，真是太有意思了！还真像您说的一样啊。周日晚上，孩子的房间和书包照例都是乱糟糟的，但这次我听了您的话，让孩子为自己负责，所以没有插手孩子的任何事。第二天早上起床后，孩子马上就尝到了没有条理的苦果：在凌乱的屋子里费了好大的劲才把书包收拾好，到学校后果不其然迟到了，还被老师批评教育了一顿。

哈哈，有了这次的经历，孩子以后做事一定会越来越有条理的。

张老师

狠乖

是呀，结果从那天起到现在，我看到孩子有好几次都在刻意地维持书包内物品的整洁，真的要感谢您！

您别客气，孩子成长了就是咱们最开心的事。

张老师

# 孩子总到假期最后狂补作业怎么办

土豆代言人

张老师您好，我想向您咨询一下孩子假期写作业的问题。

好，孩子假期写作业有什么问题呢？

张老师

土豆代言人

他每次放假的时候都会把作业扔到一边，什么都不管。刚开始我还觉得，孩子好不容易放假了，就让他好好放松一下。现在假期就快结束了，期间我也会问问孩子的作业写得怎么样，但他总是回答说快写完了。结果孩子上学前一天晚上疯狂赶作业，还哭着问我该怎么办。

他经常这样吗？

张老师

土豆代言人

是，他经常熬夜补作业。不论是长假还是短假，他总是能把作业拖到最后来补。我提醒他，他也不听。张老师，您有没有什么好方法呀？帮帮我吧。

**张老师看问题**

很多父母都看到过孩子"挑灯夜战"的场景，那真是"一盏灯，一支笔，决战到天亮"。但孩子不是在刻苦学习，而是在开学之前疯狂补作业。这样的场景可能不止出现过一次，孩子到底为什么总是要把作业留到假期最后补呢？我总结出了下面四个原因。

### ▶ 1. 假期被补习班填满了

每次一到假期，父母就到处打听各种"补习班""衔接班"，不是让孩子学习各种特长和技能，就是补习弱势科目，生怕自己家的孩子比别人家的孩子差。父母为了让孩子"弯道超车"，急忙用各种补习班把假期填满。这就导致孩子没有太多休息和玩耍的时间，也没有太多时间去完成学校布置的假期作业，只能等到假期最后几天来补。

### ▶ 2. 平时放松的时间太少

孩子平时大部分时间都在学校里，回到家则要赶紧写作业，甚至还要上额外的补习班，这就导致孩子一直处于紧绷的状态。而放假后属于孩子自己的时间变多，孩子突然放松下来，就想尽可能把大部分时间都用来娱乐放松，而把假期作业往后排。

### ▶ 3. 不良的拖延习惯

孩子有习惯性的拖延，平时写作业的时候就磨蹭，到了假期就更明显了。这种"拖延症"会让孩子把自己本该完成的任务往后面拖。孩子总觉得拖一天没事，但日复一日，作业就这样拖到了最后几天。直到截止时间带来危机感，孩子才不得不疯狂补作业。

### ▶ 4. 没把握好作业的"量"

很多父母会带着孩子对假期作业做一个综合的规划，然后给孩子规定每天大概要做多少作业。假期作业看起来很多，但如果分摊到每一天，就会变得很少，也会让孩子觉得完成暑假作业不难。但这实际上会让孩子觉得什么时候都能轻松完成假期作业，把少量的作业往后放，结果到最后怎么补也补不完。

## 张老师的落地方案

孩子一直拖延假期作业怎么办？我来提供一些方法，相信可以帮到大家。

### ▶ 1. 给孩子做一个每日行动表

解决孩子拖延症的秘诀就是要让孩子立刻行动起来，提高做事情的效率，当天的事情一定要当天完成。我们可以给孩子在房间里放一块小黑板，画一张每日行动表。每天早上把要做的事情盘点一下，然后在黑板上列出待办事项。我们可以让孩子按照事情的紧急程度去做，每做完一件事情就划掉，避免遗忘。这样做还能提高孩子做事的效率。

### ▶ 2. 制订适合孩子的假期计划

孩子没办法在规定时间内完成假期作业，大概率是因为没有一个适合孩子的假期作业计划。这个作业计划要结合孩子的学习情况，并且要尊重孩子的想法。比如说，如果孩子的英语不太好，那么英语作业规划的时间可以长一些，其他作业的时间就短一些。假期作业计划要劳逸结合，给孩子充足的娱乐和放松的时间，这样孩子才有动力去完成作业。

计划的执行一定要坚决。有的孩子自律能力比较低，这个时候父母就要严格一些，监督孩子把计划完成好。

### ▶ 3. 把孩子的截止日期提前

既然孩子总觉得假期很长，多玩几天再写也没关系，我们就替孩子把作业的截止日期提前，把带孩子玩乐的时间安排到假期的末尾。比如，如果假期有两个月，就规定孩子必须在第一个月就把作业写完。可以给孩子设置完成作业的奖励，以增加孩子完成作业的动力，比如第一个月作业写完了，第二个月就可以和全家一起去旅游，作业没写完的话，旅游计划就泡汤了。

 **家长反馈**

土豆代言人

> 张老师，您的方法真好。我家孩子现在写作业不拖延了，放假之后也知道赶紧写作业了。

> 谢谢，真替您高兴！孩子是怎么转变的？

张老师

土豆代言人

> 孩子之前总在放假最后的几天写作业，每次都情绪崩溃，跟我说下次一定会先把作业写完，但是下次放假又重蹈覆辙。我就出手干预，跟孩子一起制订了假期作业计划，同时也给孩子做了一张每日行动表，让他把每天要完成的作业和要做的事都写在上面。我会严格监督他，让他提前把作业都写完。尝试了一段时间之后，孩子养成了习惯，他自己也觉得先把作业写完能玩得更痛快。

> 有效率地完成假期作业，孩子才能有时间做自己的事，我相信孩子以后表现会更好。

张老师

# 孩子在电影院吵闹怎么办

雨后彩虹

老师，您忙吗？现在可以请教个问题吗？

不忙，您请讲。

张老师

雨后彩虹

最近新上映的电影比较多，我觉得我儿子已经 6 岁了，应该可以在影院安静地观看了，于是就带着他看了三场电影。虽然第一场下来孩子比较吵闹，但我以为到之后他就会适应的。没想到，孩子居然一场比一场闹腾，第三场的时候甚至还被后排的大人提醒了！我对他进行了教育，可他却不听我的。您说，如果他越来越调皮可怎么办？

请问这几场电影是孩子自己选的还是您选的？

张老师

雨后彩虹

第一场是我选的，后两场是孩子选的，但他每场只坚持了三十几分钟就"原形毕露"了，说电影没有自己想象中的有意思。

**张老师看问题**

看到新上映的电影，孩子动了心，指着花哨的海报对妈妈激动地说："妈妈！我想看这个！"妈妈细细一寻思：孩子确实不小了，应该能全程保持安静了吧？于是便爽快地购了票。谁能想到，妈妈最终还是败给了自己的美好想象——孩子在安静了二十几分钟后，就开始吵吵闹闹了，并且不管怎样提醒还是静不下来。接下来，就让我们一起来分析一下孩子在电影院吵闹的原因吧。

### 1. 孩子对电影没兴趣

无论是孩子不喜欢正在观看的这部电影，还是本身就不喜欢看电影这项活动，都会让孩子在观影期间如坐针毡，就像学生时期，我们在自己最不喜欢的课上煎熬的心情一样。

### 2. 孩子不能体会到其他观影者的心情

孩子无法理解其他观影者想静静观影的心情时，就会觉得吵吵闹闹并不会让别人不开心。

### 3. 孩子在和父母闹脾气

孩子如果对父母有些小情绪，很有可能就会在父母专心做事时来捣乱。

 **张老师的落地方案**

一个懂得换位思考的孩子，是父母的"贴心小棉袄"，也是朋友们最信赖的伙伴。想要解决孩子在电影院吵闹的问题，我们可以从让孩子能一直保持安静入手，也可以让孩子放下对进影院观影的执着。可以参考一下我列出的这几种方法。

### ▶ 1. 在观影前做好准备

如果孩子吵着要去影院观影，而我们又担心孩子三分钟热度的话，我们可以选择一些人少的场次，并将座位定在人群稀疏的地方，还可以准备一些咀嚼起来声音较小的零食。如果孩子真的坚持不下来，我们最好也不要在里面耗费时间，可以提前带着孩子离场。

### ▶ 2. 布置家庭影院体验

拉上窗帘，购买投影仪和单人沙发，准备观影零食……一个"家庭影院"便诞生了。只要气氛到位，孩子就一定会爱上属于自己的"私人影院"。我们要在"私人影院"培养孩子安静、专注的能力。这样等去了真的电影院，孩子就能遵守不乱跑、不吵闹的规矩了。

### ▶ 3. 将孩子带离现场

如果孩子在电影院里吵闹，而且制止无效，那我们也无须大声训斥，最好在第一时间带孩子离开现场。我们可以把孩子带到外面的走廊或者卫生间，等孩子安静下来后，耐心沟通。如果孩子能够安静下来，就再次带孩子进入影院；如果无法安静下来，那就只能忍痛割爱，放弃观影。

## 家长反馈

雨后彩虹

老师，谢谢您的方法。上个月我用客厅为孩子改造了个"私人影院"，买了一个充气沙发和一台投影仪。孩子看到后很兴奋，现在每周都要用投影仪来看四五次电影。而且就算一部电影看腻了，还能马上切换下一部。不仅孩子喜欢，连大人也很喜欢这个"小影院"！

不用客气，不过这"家庭影院"听着就很诱人啊。

张老师

雨后彩虹

哈哈！我儿子以前总是吵着去电影院看电影，但几乎每次都是浪费票钱，因为孩子坚持不了四十分钟，我就必须带着他离场。后面我再留意观察观察，等发现孩子不再频繁切换电影了，我们再带着他进影院观影。

# 孩子怕看医生怎么办

海边的微风

张老师您好，我家孩子总是害怕看医生。这该怎么办呀？

您好，孩子平时去看病就很困难吗？

张老师

海边的微风

是的，每次孩子去看病都得费九牛二虎之力，好说歹说把他带到了医院，在候诊的时候他又不干了。只要不顺他的心意他就哭天抢地，在医院闹出很大的动静。看病的时候也是，他非常不配合医生。比如，医生要帮他看一下喉咙，他的嘴巴就是不张开。后面抽血化验的时候更是这样，我跟他爸爸两个人差点就按不住他了。

那您后来有没有尝试用别的方法带孩子去看医生？

张老师

海边的微风

我没有什么好方法，每次跟他说要去医院，他不是躲起来就是在家里赖着不走。我们呢，就只能答应给他买玩具之类的要求。如果每次去医院都这么折腾，我真的受不了。张老师，您看看能不能给我想几个招儿？

**张老师看问题**

孩子非常抵触去看医生，这就导致带孩子去医院看病成为让许多父母头疼的问题。孩子看着身板挺小，但只要碰上打针，反抗起来需要两三个大人才能按得住。实际上，孩子不喜欢看医生是有原因的。

### ▶ 1. 看医生 = 会打针

很多孩子并不是一开始就害怕看医生，都是因为先前在医生那里经历了不好的事情。比如，孩子基本上每次去看病就会打针、吃药，还要被医生冰冷的医疗器械在身上戳来戳去。有时孩子不配合，还要遭受父母齐上阵的压制。孩子将这些不愉快的事情联想到医生的身上，这就导致孩子对看医生越发恐惧。

### ▶ 2. 习惯性恐惧

有的父母总是喜欢拿医生来吓唬孩子，把看医生当成孩子犯错误时的惩罚。比如，如果孩子总是喜欢吃糖，不听父母的劝告，父母就拿牙医来恐吓孩子说："你吃这么多糖，如果牙齿坏掉了，就让牙医用大钳子把你的坏牙齿全部拔掉。"父母如果经常这样说，孩子就会对医生的治疗行为产生误解，对医生产生习惯性的恐惧。

### ▶ 3. 父母的忧虑感染到孩子

孩子生病了，父母通常都会比较焦虑和担忧。如果父母把这种担忧的情绪过分地显露出来，甚至慌张到丢三落四，这些不安的情绪就会传染给孩子。这样不仅会加重孩子看病的心理负担，还会让孩子更加抗拒跟医生接触。

## 张老师的落地方案

孩子不喜欢看医生是很正常的事情。遇到这样的事情，我们不要打骂或者欺骗孩子，而是要找合适的方法转变孩子的心态。以下是我总结出的三个方法。

### ▣ 1. 跟孩子解释为什么要看医生

孩子其实也是讲道理的，关键在于我们用什么样的态度来对待孩子。我们每次带孩子去医院之前，最好告知孩子这次去医院干吗，可能会做哪些事情，让孩子有个心理准备。比如，如果带孩子只是去做个体检，就可以跟孩子解释做一些检查只是为了让自己保持健康，还可以告诉孩子一些关于自己身体的知识。如果是带孩子去治病，就告诉孩子我们是去找医生帮忙，治疗身上不舒服的地方，让身体恢复健康。

### ▣ 2. 在家里跟孩子玩"看病"游戏

父母们可以在家里跟孩子玩角色扮演游戏，模拟去医院看病的场景，让孩子扮演医生，而我们父母则扮演孩子的病人，让孩子通过"看病"游戏去了解医生看病的流程。父母可以在被孩子"打针"的时候表现出害怕的样子，让孩子主动去安慰父母，并理解医生的工作，减少孩子看医生的恐惧心理。

### ▣ 3. 分享自己的经历，跟孩子共情

在教育孩子的过程中，我们父母的共情能力其实非常重要。我们可以跟孩子分享自己小时候看病的经历，跟孩子说一些自己也害怕的东西，与孩子共情，表示自己理解孩子的情绪。然后，我们可以陪孩子一起面对害怕看医生这件事，告诉孩子每个人都有自己害怕的东西，但我们最后都会勇敢克服。

带孩子看病之前一定不能哄骗孩子，比如说"我们不打针""打针一点也不

疼"，而要对孩子实话实说。在看病的时候带上孩子喜欢的玩具，可以适当缓解孩子的压力。

 ## 家长反馈

海边的微风

> 张老师，谢谢您的方法。我家孩子现在去看医生已经没有那么抵触了。

> 不用谢，您是怎么帮孩子克服的？请跟我说说吧。

张老师

海边的微风

> 孩子之前非常害怕看医生，总觉得我每次带他去医院就是带他去打针。我看了您的分析，知道孩子是产生了误解，自己有了不好的联想。于是，我就用孩子能听懂的话跟他解释，让孩子知道医院有什么作用，而且每次去医院之前我都会跟他说具体会干什么。平时我也跟他玩玩当医生的游戏，顺便跟孩子进行科普。这样孩子渐渐就不那么抗拒了，甚至跟我说他以后也要治病救人。

> 我真替孩子高兴！正确引导孩子认识医院和医生的作用，不仅能消除孩子的抵触情绪，还能对孩子进行职业科普。

张老师

# 孩子爱喝饮料不喝水怎么办

栀念

张老师，下午好！我想向您请教这样一个问题：我女儿嗜奶茶如命，三天不喝奶茶就浑身难受。我问她为什么这么爱喝奶茶，她告诉我，因为水没有味道，不好喝，奶茶的味道比水好一万倍。请问您有什么好的法子能让她多喝点水吗？

家长下午好！孩子今年多大了？对奶茶上瘾有多久了呀？

张老师

栀念

孩子今年 11 岁了，喜欢上奶茶是最近两个月的事。其实不只是奶茶，孩子平时也会买汽水、果汁什么的换着来喝。

那您看见孩子喝饮料的时候是怎样处理的呢？

张老师

栀念

我一般就是告诉她喝饮料的危害，有时候还会假装想喝，要走一半饮料，好让她少喝一点。

**张老师看问题**

望着一瓶接一瓶花花绿绿的液体被孩子一饮而尽，父母内心顿时生起一阵担忧：孩子这样离不开饮料，如果影响到了健康怎么办？想要解决这个问题，我们就要先对其原因进行分析。

**1. 饮料的味道很让人上瘾**

戒糖如戒烟，糖和烟酒一样都有着令人上瘾的神奇作用，再加上各种气泡、果味、奶香的调和，各种饮料更是让孩子欲罢不能。

**2. 水不如饮料好喝**

水本身没有什么味道，而饮料是一种加工过的饮品，它通常会添加一些糖、果汁等成分，来增加饮料的颜色、香气、味道和营养。饮料的口感比水要丰富多彩，所以孩子通常更加喜欢喝饮料，而不喜欢喝水。

 **张老师的落地方案**

面对把饮料当水喝的孩子，父母心里又气又急，因为就算叮嘱孩子一万遍要"多喝水"，孩子还是会把这些话当作耳旁风。下面几种方法，可以帮助我们解决这个心头大患。

**1. 改变家中水源的味道**

我们可以通过安装家用净水器、饮水机，更换烧水壶等方式来提升家中的水源质量，或者购买符合孩子口味的瓶装矿泉水。但是如果孩子还是不愿意喝水，我们也不要强迫，而应该尊重孩子的选择。

### ▣ 2. 为孩子自制饮品

苹果和黄瓜，橙子加蜜桃，菠萝配西瓜……看似奇怪的组合，都会通过榨汁机加工后变得诱人可口，再配上薄荷叶和精美的杯子，只要充分发挥我们的想象力，就能制作出健康又好喝的饮料，奶茶、咖啡等也不例外。有了家中纯天然的健康饮品，孩子便不会再想着去外面购买高糖饮料了。

### ▣ 3. 解释危害，适当控制

饮料糖分偏高，我们可以给孩子解释为什么不能多喝饮料。比如，我们可以告诉孩子："可乐热量很高，喝多了容易发胖。"如果孩子稍微大一点，我们也可以教孩子看饮料的成分表，或者通过新闻、图片或者视频来让孩子认识危害，从而自觉少喝或者不喝。

同时，我们也要学会适度控制给孩子购买的饮料数量。合理控制摄入量，可以帮孩子循序渐进地戒掉爱喝饮料的瘾。

### ▣ 4. 为孩子购买相对健康的饮料

市面上的饮料不一定都含高糖、高食品添加剂，也有一些零糖低卡，相对健康的选择。在家中备上一些这样的饮品，说不定孩子就不再那么"执着"。

## 家长反馈

栀念

老师，太谢谢您了！我仿照您的方法，给我女儿专门买了一箱可乐和一箱雪碧，干脆就让他喝到腻。结果我发现，算上带去学校的和在家里喝的，上半个月孩子一共喝了 13 瓶，但是这半个月只喝了 7 瓶，她的"甜水瘾"真的下降了。

哈哈，不用客气。估计再来一个月，孩子就能把饮料喝腻了。

张老师

栀念

是呀，这周孩子自己也说了，也许是喝得太多了，感觉可乐没有以前好喝了，甚至有时候还想喝点水来冲淡一下。

真是太好了，孩子不仅不愿意喝可乐了，还认识到水对人体的重要性了。

张老师

# 孩子在饭桌上霸占喜欢吃的菜怎么办

风吹麦浪

张老师您好，我家孩子总是在饭桌上霸占自己喜欢的菜。这该怎么办？

孩子在饭桌上有什么霸占菜的具体表现吗？

张老师

风吹麦浪

这孩子总是很霸道，不论是在家里吃饭还是出去吃饭，总是以自我为中心，什么好吃的都优先给自己。最近一次出去跟家里人聚餐，饭桌上亲戚很多，他也不考虑别人。每次一上菜，他先看一眼是不是自己喜欢吃的。如果是，他就会把整盘菜端到自己面前吃。端不下来的，他就压着玻璃转盘不让别人转。

那您有尝试纠正他吗？

张老师

风吹麦浪

我不好当着别人的面教训孩子，提醒过他很多次，可他总跟我要赖，说觉得这个菜好吃。其他大人虽然说没关系，让孩子吃，可是我真的很不好意思。您有什么好办法吗？

## 张老师看问题

宴席或者聚餐都是我们常见的社交场景，但有的孩子总是在饭桌上捣乱，吃饭的时候没有礼貌，不是只霸着自己喜欢的菜吃，就是拿着筷子到处乱翻。父母看着孩子没有礼貌的样子也很着急。为什么孩子会这样呢？我总结出了下面两点原因。

### ▣ 1. 孩子觉得理所应当

孩子习惯了父母把什么好吃的都留给自己，也习惯了自己的要求被满足。孩子在家里就优先吃自己爱吃的菜，家里人也总是迁就孩子，让孩子觉得自己独占喜欢的菜是理所应当的事情。

这就导致孩子在外面也这么做，孩子认为只要自己想吃，其他人都理所应当让着自己。

### ▣ 2. 父母的放纵

父母没有在合适的时间教授孩子餐桌礼仪，也忽视孩子霸占饭餐的行为，甚至有人提醒也不会惩罚和纠正孩子。父母的无底线放纵，会成为孩子不讲礼貌、在餐桌上随心所欲的底气，让孩子只顾自己吃菜，不顾别人的感受。

## 张老师的落地方案

餐桌礼仪是孩子都应该学会的，那么父母应该怎么教授孩子正确的餐桌礼仪呢？我总结出了下面三个方法。

### ▶ 1. 父母带头遵守餐桌礼仪

父母的用餐行为会影响到孩子，所以父母一定要带头遵守餐桌礼仪。不管是在家里，还是出门去跟别人一起吃饭，父母都要展现出模范带头作用。除此之外，父母还可以带着孩子去参加有同龄孩子的聚餐，让孩子向其他餐桌礼仪做得好的孩子学习，利用孩子的竞争意识，来提高孩子的素质。

当孩子做出不合适的用餐行为时，父母一定要及时指出，让孩子意识到哪些行为是不正确的，并亲自示范正确的用餐行为。

### ▶ 2. 给孩子上餐桌礼仪课

父母可以挑一个在家里用餐的时间，边吃饭边给孩子上一堂餐桌礼仪课：教孩子常用的餐桌礼仪，具体该怎么做，并且告诉孩子为什么要遵守餐桌礼仪。

比如，教孩子在出去吃饭的时候，尽量吃自己面前的食物，就算想吃自己喜欢的，也要等没有人夹菜的时候转桌，自己夹完菜就吃自己碗里的，不能一直霸占桌上的菜，因为别人也可能会喜欢吃同一道菜。

再比如，不要敲打碗筷，不要拿筷子在菜里翻来翻去，吃饭的时候不要吧唧嘴，等等。另外，我们还要告诉孩子，餐桌礼仪不是束缚人的规矩，而是一种尊重自己和他人的表现。

### ▶ 3. 餐桌礼仪的准则要一致

父母教孩子餐桌礼仪时，其他家庭成员要保持一致的原则和口风，不能出现唱反调的情况。比如，父母不让孩子霸着菜，爷爷奶奶反而说"小孩子多吃点是好事""让他吃吧，跟小孩子计较什么"，这样会让孩子无所适从。

餐桌礼仪的准则一致，孩子才不会见风使舵，才会遵守明确的标准，知道什么样的用餐行为是正确的。

## 家长反馈

风吹麦浪

张老师，真的很感谢您，您的方法很有用。我家孩子现在再也不霸着菜，只顾自己吃了。

谢谢认可，孩子现在学会餐桌礼仪了吗？

张老师

风吹麦浪

是的，现在孩子掌握了几种基本的用餐礼仪，吃起饭来乖多了。孩子之前被他奶奶惯坏了，奶奶什么都由着他，导致他吃饭的时候一点规矩也没有。孩子不仅到处抢菜吃，还总把自己喜欢的菜摆在面前，不许别人动一筷子。我之前都不太敢带他出去吃饭，生怕他给我出洋相。后来我好好教了他几次餐桌礼仪，让他知道很多事情是不礼貌的。我也跟他奶奶统一了"战线"，确保孩子能够改过来。现在他吃饭的时候好多了。

孩子学习一些用餐的礼仪是必要的，我相信孩子之后一定会更好的。

张老师

# 孩子老是搞破坏怎么办

**兜里有糖**

张老师，我家孩子总是搞破坏，我都受不了了，该怎么办啊？

孩子搞破坏有哪些具体表现呢？

**张老师**

**兜里有糖**

那可太多了，只要我一会儿没盯着他，他就能把家里搞得乱七八糟的。首先是家里的植物，他没事就跑过去揪几片叶子，现在已经没几盆花是活的了。然后是各种电子或者机械产品，小到手表，大到自行车，他把能拆的全部都拆了个遍。他还喜欢画画，家里每个角落都能看到他乱画的东西。

那您用过什么方法制止孩子吗？

**张老师**

**兜里有糖**

我跟他说不能在家里捣乱，他不听。我又把他的蜡笔收起来，只让他在纸上画画。他却把我的口红翻出来在镜子上画，气得我只能把蜡笔还给他。我跟在他屁股后面根本收拾不过来。张老师，您有什么好招儿吗？

张老师看问题

孩子好像是"破坏大王",什么东西只要经过孩子的手,就没办法恢复原样了。而且他们精力旺盛,能把家里搞得天翻地覆,我们看着满地狼藉,真是欲哭无泪。那么,孩子到底为什么这么喜欢搞破坏呢?我们先一起来分析一下原因吧。

### ▶ 1. 通过破坏来探索世界

很多东西对于孩子来说都是新奇的,他们会好奇各种东西的构造和原理,比如:闹钟的指针为什么会走?沙发垫里面是什么样的?台灯为什么会亮?孩子为了找到答案,想到的方式就是触摸、打开、拆解,甚至是整体破坏。他们把破坏的行为当成是自己探索未知的行动,多"探索"几次,东西就变得七零八碎了。

### ▶ 2. 享受恶作剧带来的快乐

有时候破坏东西对于孩子来说是一种有趣的恶作剧,他们并没有意识到这样做的后果,只是单纯觉得好玩,比如在墙上画画,把妈妈种的花揪下来,把衣柜里的衣服拿出来堆成"房子"。而且父母或者周围的人对孩子"作品"的反应,也让孩子感到有趣,这样他们破坏起来就更加肆无忌惮了。

### ▶ 3. 模仿大人做事

有些时候孩子只是想模仿大人的行为,却在不知不觉中搞起了破坏。比如,孩子看见妈妈每天都在化妆,自己也想试试,就拿着妈妈的化妆品一通乱用,最后把化妆品全部糟蹋了;看见爸爸在剃胡子,就偷偷拿着电动刮胡刀给自己的玩偶刮胡子,最后把刮胡刀弄坏了,娃娃的毛也满天飞。孩子不知道父母这些行为的意义,只是认为自己跟着模仿很有意思,不承想这是在搞破坏。

**张老师的落地方案**

孩子搞破坏真的是坏事吗？我们应该怎么做呢？我总结了下面几个方法，父母们可以参考一下。

**1. 参与并接纳孩子的"破坏"行为**

如果孩子"搞破坏"是在满足他的好奇心，我们不要急着去责怪孩子，甚至可以参与其中。这样不仅可以保证孩子的安全，还能帮助孩子在"破坏"中解决他们的疑问，为孩子拓展知识和实践的经验。比如，孩子想知道收音机里面是什么样的，我们就一起拆，同时问问他为什么这么做，并跟他讲一讲哪些部件是做什么的。

**2. 给孩子创造一个可以随意捣乱的环境**

孩子的好奇心和精力无处发泄，那我们就给孩子创造一个安全的、可以肆意"破坏"的环境。比如，在家里给孩子圈出一块"破坏园地"，孩子喜欢在墙上画画，就把一部分墙贴成黑板或者白板；孩子喜欢拆东西，就给孩子准备积木或者各种拼装模型等。我们要跟孩子约定好，只要在这块小园地里，孩子想怎么捣乱都可以，但是其他地方不行。

**3. 让孩子承担破坏的后果**

我们要让孩子学会承担责任，自己搞的破坏就让他自己去收拾残局。比如，如果孩子玩水，把水弄得到处都是，那就让孩子自己拿拖把或者抹布去擦。我们对孩子的要求不要太高，但一定要让孩子认真去做。

我们还可以给孩子做一个"破坏成果"储蓄盒，把孩子曾经破坏的东西全部放在一个盒子里。每次孩子弄坏一样东西，就带着孩子把这样东西放起来。

这样不仅能提醒孩子搞破坏的后果，还能让孩子废物利用，激发孩子的好奇心和创造力。

## 家长反馈

兜里有糖

张老师，您的方法挺有效。虽然孩子还是喜欢搞破坏，但他已经从原来的"破坏大王"变成了"发明专家"了。

听起来很有意思，他是怎么变成"发明专家"的？

张老师

兜里有糖

我经过您的点拨，了解到孩子可能只是好奇心过剩，才会到处破坏东西的。后来我就专门圈出了一块地方给他搞破坏，还跟他一起研究各种东西的零件，帮他把拆坏的东西都收起来。他现在还会用一些零件或者积木做出一些奇怪的东西来，这不就是"发明专家"嘛。

这充分推动了孩子的个性发展，我相信孩子以后还能做出更有意思的东西来。

张老师

# 孩子不敢拒绝别人怎么办

海边看日落

张老师您好，我家孩子总是不敢拒绝别人。怎么办啊？

您好，孩子不敢拒绝别人具体有哪些表现吗？

张老师

海边看日落

我家孩子现在 8 岁，性格比较内向。我没有过多地干涉，觉得孩子性格内向，安静一点也挺好的。但有一次我带着孩子去公园的游乐设施处玩，我坐在一旁休息，让孩子自己去玩。他在沙坑旁边玩玩具汽车时，旁边走来一个小孩让我家孩子把玩具给他玩，我家孩子就直接给了。我看见孩子其实很舍不得，但又不敢拒绝。

孩子可能确实比较胆怯，您后来有跟他沟通吗？

张老师

海边看日落

我后来问他是不是别人的要求就算你不愿意也会答应，他说是的。我不知道该怎么引导。张老师，您教给我一些方法吧。

**张老师看问题**

孩子的性格各不相同，但有的父母看着自己的孩子唯唯诺诺，从来不敢拒绝别人的样子，总有些"恨铁不成钢"。父母都担心孩子继续这样会吃亏。那么，孩子到底为什么不敢拒绝别人呢？我们一起来找找原因吧。

### ▶ 1. 讨好型人格

孩子总是把别人的需求放在首位，并且努力取悦别人，就是为了得到别人的一句夸奖或者肯定。为了不让别人对自己感到失望或者不满意，孩子宁可委屈自己，也要优先满足别人的要求，优先考虑别人的感受，说不出拒绝别人的话。这就是典型的讨好型人格。

### ▶ 2. 害怕产生冲突

有些孩子的内心比较脆弱，害怕被其他人批评。孩子可能会觉得拒绝会给自己带来冲突，而冲突伴随而来的怨怼和指责是孩子难以承受的。于是，孩子为了避开这种伤害，就选择默默承受，而不是拒绝。

### ▶ 3. 父母不允许孩子说"不"

有的父母对待孩子非常严厉和强势，想要孩子完全按照自己的要求去做事，完全不在乎孩子的想法，不允许孩子拒绝自己的要求，不允许孩子说"不"。比如，孩子想穿白色的外套，但父母觉得孩子穿蓝色的好看，就自作主张决定孩子的穿着，不允许孩子拒绝。

如果孩子抵抗，父母有时还会用"爸爸妈妈不喜欢你了"这样的话吓唬孩子。这样的行为会让孩子觉得父母对自己的好都是有条件的，自己的意见并不重要，所以就会逐渐放弃拒绝别人。

**张老师的落地方案**

学会拒绝更有利于孩子的成长。我总结了下面三个方法，父母们可以参考一下。

### ▶ 1. 教孩子委婉拒绝

孩子如果不敢直接拒绝别人，就教孩子委婉地拒绝，这样会更容易让别人接受。在孩子面对不想接受的请求时，可以让孩子拖延一段时间，比如让孩子说"让我考虑一下吧""我现在还有事，要不你等一会儿再来找我"。

或者孩子还可以提出一个折中的方案，比如孩子的朋友想玩孩子的玩具，孩子可以说："我特别喜欢这个玩具，你们先看看吧，我下次给你们玩。""我还没玩完呢，等一下给你们玩一会儿。"这样既能回应别人的请求，也能表达出委婉拒绝之意。

### ▶ 2. 教孩子分辨不合理的要求

传统的教育是让孩子积极分享，对别人多谦让。但是，我们不能让孩子什么请求都答应，因为很多要求都是不合理的。我们要让孩子知道，对自己会产生伤害，或者对自己不利的请求是不合理的。我们要告诉孩子，在面对不合理的请求时，可以直接拒绝，而且无须感到内疚。

### ▶ 3. 教孩子建立界限感

不敢拒绝别人的孩子，通常把自己的界限和底线设置得很低，但这样很容易让别人得寸进尺，轻易越界。我们可以通过跟孩子一起做游戏，在游戏中设置规则和界限，告诉孩子每件事或者每个人都是有底线的，别人不可以越界，那些越界的请求就应该直接拒绝。

# 家长反馈

海边看日落

我家孩子现在学会拒绝别人了！谢谢张老师，您的方法真的很实用！

不用谢，孩子现在是不是能把"不"说出口了？

张老师

海边看日落

是的，他之前就是不敢拒绝别人，害怕跟别人吵架，他觉得他吵不过别人。后来我就教他委婉地拒绝别人，这样别人不容易感到不舒服，也就不会吵架了。我说如果别人总让他做事，就让他把责任都推到我身上，就说妈妈不让他做。这样既拒绝了别人，别人也不会怪他。后来他知道合理地拒绝可以省去很多麻烦，就再也不怕拒绝别人了，也不再找借口了。

我真为孩子高兴，希望孩子以后学会善待自己。

张老师

# 附录：夸孩子我有 100 句

01. 你愿意帮助弱小的同学，真像个大侠！

02. 勇于承担责任，太了不起了！

03. 这真是个杰作！你怎么想到的？

04. 先说说你的想法，我很有兴趣。

05. 这件事情我认为你做得很对。

06. 你太厉害了，帮了我一个大忙！

07. 真棒！你愿意这样做，我很开心！

08. 我相信你！

09. 你竟然在我没说之前就做好了，真是太好了！

10. 我喜欢你现在的样子！

11. 你进步得真快，超乎妈妈的想象！

12. 这个作品太奇妙了，你很有想像力！

13. 这是你做的？你太让妈妈不可思议了！

14. 你就是一个宝藏男孩，总是给妈妈惊喜！

15. 你要记得，妈妈爱你，永远爱你！

16. 别急，一步一步来，你一定可以做到的！

17. 你的笑话让我哈哈大笑，非常开心！

18. 你真的很能干，做得又好又快！

19. 你很有天赋，能把感受表达得这么恰当！

20. 你可以选择，我会考虑的。

21. 你做的事情感动到我了。

22. 我允许你去做，去吧！

23. 你可以尝试一下，做错了也没有关系。

24. 可以再试一下，不要急，妈妈可以等。

25. 你是个善良的孩子，妈妈为你骄傲！

26. 你很有行动力，想到了就去做。

27. 你可以跟别人不一样，去做你认为对的事就好。

28. 你做得很出色，妈妈为你点赞！

29. 对我来说，宝贝你很重要！

30. 我真的很喜欢你，你很贴心。

31. 你很有主见跟毅力，妈妈为你骄傲！

32. 好极了，我赞成。

33. 哇，你做得比妈妈都好了，你真厉害！

34. 你尽管去做好了，我支持你哦。

35. 这真是今天最令人开心的事情。

36. 你可以犯错，知错能改善莫大焉，妈妈原谅你了。

37. 你真是一个聪明的孩子！

38. 输了也没关系，只要尽力了就可以。

39. 妈妈永远支持你！

40. 真高兴你这么快就学会了。

41. 很高兴你开始有自己的选择。

42. 你找到了自己喜欢做的事情，这就是爱好，我很高兴。

43. 今天你居然比妈妈起得还早，不用妈妈叫你，真棒。

44. 宝贝，你给妈妈选的衣服真漂亮，你眼光真好，妈妈很喜欢。

45. 宝贝给妈妈盛的饭特别的香，我感觉我可以吃两碗。

46. 今天妈妈听到了老师对你的表扬，很为你自豪。

47. 我很感谢能当你的妈妈，你这么听话，妈妈很幸运。

48. 如果今天宝贝帮妈妈一起打扫，家里一定会更干净。

49. 对不起，妈妈刚才很忙，没有陪伴你，但是宝贝自己安排得很妥当，妈妈很欣慰。

50. 我的小宝贝长大了，会给妈妈准备礼物了。

51. 呀，你把自己的房间整理得这么干净呀，看着很清爽。

52. 自己的事情自己做，我的宝贝做到了，长大了。

53. 摔倒了站起来就好了，我们的目标是到达终点呀。

54. 我觉得我家宝贝笑起来像小太阳一样温暖。

55. 你已经是妈妈的小帮手了，帮了妈妈很多事情，谢谢。

56. 听宝贝大声念书，妈妈很开心。

57. 哎呀，你跑步真快，以后一定是个运动健将。

58. 你主动问好的样子很有礼貌。

59. 宝贝有哥哥的样子了，很会照顾妹妹。

60. 把最喜欢的蛋糕分给妹妹吃，宝贝懂得一起分享了呀。

61. 这幅画怎么画的呀？教教我。

62. 真高兴你这么快就想出来了。

63. 你总是有不一样的想法，我都没想到。

64. 宝贝不开心可以生气，生气要说出来才能消气哦。

65. 嗯，尽力就可以了！妈妈看到你的努力了。

66. 每个人都是独立的个体，要是做得都一样，妈妈就认不出宝贝了呀。

67. 我家宝贝很守时哦，是个全勤宝贝。

68. 你表达得好清楚，妈妈替你开心！

69. 今天你做了不少事情呀，真能干！

70. 对了，就是这么做，非常好！

71. 超越自己就是最大的进步！

72. 小花你照顾得很好，它又长高了，你很负责。

73. 宝贝学到了这么多知识呀，太厉害了！

74. 嗯，说好做完作业再玩，你做到了，非常自觉！

75. 你很爱爸爸妈妈，爸爸妈妈也很爱你，爱是相互的。

76. 我相信你可以自己处理好，如果需要帮忙就来找爸爸妈妈。

77. 宝贝喜欢学习，喜欢看书，我很高兴。

78. 小脑瓜转得这么快，都会举一反三啦。

79. 虽然路上很黑，但是你还是自己走，很勇敢！

80. 有志者事竟成，好样的，坚持到底！

81. 你做得很对，我要向你学习！

82. 你能反思，愿意改变，真好！

83. 宝贝笑一笑，妈妈就浑身充满力量！

84. 让我们庆祝你的成绩吧！

85. 不愧是我家宝贝，这都做到啦！

86. 你有什么好主意？说来听听。

87. 你的想法很有道理。

88. 你做的手工漂亮极了！

89. 你是对的！

90. 宝贝会关心妈妈了，妈妈真高兴！

91. 妈妈发现宝贝比昨天穿衣服更快了！越来越熟练了！

92. 你能和妈妈分享小秘密，妈妈很开心，说明宝贝很信任妈妈。

93. 偶尔发挥失常很正常呀，就像人偶尔也会生病一样。

94. 每天进步一点点，爸爸妈妈和宝贝也一起努力！

95. 答应宝贝的事爸爸妈妈都会去做，宝贝也要言而有信。

96. 杯子摔碎了，宝贝勇于承认，我很高兴，宝贝很有担当。

97. 虽然很喜欢巧克力，但是宝贝怕牙疼没有吃，自控力很强！

98. 宝贝能尊重别人的想法，很棒。

99. 这件事很难，但你没有放弃。

100. 宝贝做事的态度很认真，值得表扬。